ちーちゃんと学ぼう!

みんなのSDGs

聖教新聞社〔編〕

潮出版社

目次

登場人物

ちーちゃん　名前は竹林《たけばやし》知恵《ちえ》。三人きょうだいの次女《じじょ》。

博士　日々、世の中を良くするための発明に励《はげ》んでいる。

カッパ　環境問題を憂《うれ》う。子どもと一緒に、よく川や海のごみを拾《ひろ》っている。

信《まこと》　ちーちゃんの父。会社では課長。神経質《しんけいしつ》で少し気が弱い。

陽子《ようこ》　ちーちゃんの母。ヤング白ゆり世代。ヘルパーとして働《はたら》いている。

和楽《わらく》　ちーちゃんの姉。高校1年生。夢《ゆめ》は「歌って踊《おど》れる通訳《つうやく》」になること。

勇気《ゆうき》　ちーちゃんの兄。中学1年生。柔道部《じゅうどうぶ》に所属《しょぞく》する。

SDGs 17の目標

①貧困をなくそう
②飢餓をゼロに
③すべての人に健康と福祉を
④質の高い教育をみんなに
⑤ジェンダー平等を実現しよう
⑥安全な水とトイレを世界中に
⑦エネルギーをみんなに そしてクリーンに
⑧働きがいも 経済成長も
⑨産業と技術革新の基盤をつくろう
⑩人や国の不平等をなくそう
⑪住み続けられるまちづくりを
⑫つくる責任 つかう責任
⑬気候変動に具体的な対策を
⑭海の豊かさを守ろう
⑮陸の豊かさも守ろう
⑯平和と公正をすべての人に
⑰パートナーシップで目標を達成しよう

SUSTAINABLE DEVELOPMENT GOALS

はじめに

私たちが住む地球の未来は、はたして大丈夫だろうか――。
こんな思いを持っている人は、多いのではないでしょうか。

特に身近《みぢか》に感じるのが「地球温暖化《おんだんか》」の問題です。夏は猛暑日《もうしょび》が大幅《おおはば》に増え、2024年の日本の平均気温は、1898年の統計開始以降で最高になりました。春と秋がどんどん短くなり、「四季」のあり方さえも、変わりつつあります。

また、気候変動《きこうへんどう》の影響で、集中豪雨《ごうう》などの異常《いじょう》気象による災害が、世界規模で増加しています。それ以外にも、各地で続く戦火、貧困《ひんこん》や差別《さべつ》、プラスチックによる海洋汚染《おせん》など、解決すべき問題がたくさんあります。

2015年に国連の全加盟国が賛同《さんどう》して採択《さいたく》されたSDGs（持続可能な開発目標）は、こうした課題の解決に挑《いど》むとともに、持続可能な地球社会の実現のため、2030年までに達成すべき17の目標を掲《かか》げました。それは、人類が目指すべき「未来のカタチ」でもあります。

聖教新聞社は、国連「SDGメディア・コンパクト」の一員として、SDGsの推進・情報の発信に取り組んできました。聖教新聞紙上で2022年から３年間にわたって連載《れんさい》された「ちーちゃんと考える未来のカタチ」も、その一つです。

本書は、同連載の記事を編集・収録したものです。人気の４コマ漫画《まんが》「ちーちゃん家《ち》」のキャラクターが分かりやすくSDGsの各目標を解説するとともに、イラストを見れば、何が課題なのかが一目《ひとめ》で分かるようになっています。併《あわ》せて、座談会などで活用できるクイズ、創価学会の取り組みを紹介するコラムや漫画も掲載しました。

軽快《けいかい》なタッチで、未来部の友も楽しく読める内容になっていますので、親子で一緒に手に取っていただければ幸《さいわ》いです。

さあ、それではちーちゃんと一緒に、持続可能な「未来のカタチ」を学ぶ旅に出発しましょう！

総論

SUSTAINABLE DEVELOPMENT GOALS

未来のカタチ

今や、いたるところで目にする「SDGs」。皆さんは、その内容について、どれくらい知っているでしょうか？

SDGsは、英語の「Sustainable Development Goals（持続可能な開発目標）」の頭文字を取ったものです。「貧困《ひんこん》」「飢《き》餓《が》」「ジェンダー平等」「気候変動《きこうへんどう》」「平和と公正」などの17目標（ゴール）から成り立っており、その下に、さらに具体的なターゲットが169個、挙《あ》げられています。

SDGsの特徴《とくちょう》として、国や自治体だけでなく、民間企業や個人など、誰《だれ》でも自由に取り組めることが挙《あ》げられます。日本でも、さまざまな団体や企業が競《きそ》ってその実現に取り組み、成果を上げています。

ちーちゃん

Q SDGs《エスディージーズ》って何だっけ？

A 皆で決めた、目指《めざ》すべき世界の未来のカタチじゃ

博士

最近、テレビによく出てくるSDGsって何のことなの？

国連が掲《かか》げる「持続可能な開発目標」のことじゃ。

2015年に国連で採択《さいたく》されたんじゃが、193カ国の全加盟国が賛同《さんどう》したという点で、画期的《かっきてき》な目標なんじゃよ。まさに全世界が同意した、2030年までに、わしたちが目指すべき「未来のカタチ」なんじゃ。

持続可能!?　開発!?　なんだか難《むずか》しそう……。

今のまま世界が発展していけば、地球環境が破壊《はかい》され、自然災害で大勢の人が亡《な》くなったり、住む場所を追われたりするんじゃ。気候変動がその最《さい》たる例じゃな。ゆくゆくは人類の存続《そんぞく》自体が危《あや》うくなってしまう。

だから、地球環境と共生《きょうせい》しながら、世界が持続して発展していけるよう、全部で17個の目標（ゴール）を決めたんじゃ。それぞれの

「17の目標へ向かって、力を合わせて進もう！」

目標の下に、より具体的なターゲットが、合計で169個も挙《あ》げられているんじゃよ。

へー！　そんなにあるんだ！　どんな内容なの？

大きく分けると、「経済」「社会」「環境」の三つに関する目標じゃ。

「経済」に関する目標には、人間らしい仕事の仕方《しかた》や、経済をどう成長させるべきかといった指標が掲《かか》げられとる。

「社会」に関する目標は、飢餓《きが》や貧困《ひんこん》、ジェンダー平等、教育格差などの問題の解決を目指《めざ》しているんじゃ。

「環境」に関する目標には、海や陸の豊かさを守り、地球温暖化を防《ふせ》ぐための具体的な行動が呼び掛けられているんじゃよ。

大切なのは、この「経済」「社会」「環境」の目標が、全《すべ》てつながっているということなんじゃ。SDGsが採択されるまでは、「経済」「社会」「環境」の問題は別々に考えられがちじゃった。でも、それではいつまでたっても問題は解決できないと分かってきたんじゃ。

確かに、地球が汚《よご》れて住めなくなると、父さんの仕事もなくなっちゃうよね！

ま、シンプルに考えると、そういうことじゃな。環境問題に取り組むことが、経済成長や社会問題の解決に欠《か》かせないと皆が考えるきっかけになったのが、ＳＤＧｓだとも言えるのう。

国と国との約束だから、守らないと怒《おこ》られちゃうの？

いや、そういうことじゃないんじゃ。ＳＤＧｓは、それぞれの国が自主的に取り組むよう促《うなが》す目標じゃ。でも、目標達成へどれだけ進んだかは明らかにされる。他の国と比《ひ》較《かく》されるから、〝自分たちが一番になろう〟と、いい意味で競《きそ》い合えるんじゃよ。

また、国だけじゃなくて企業や団体、個人も積極的に取り組めるのがＳＤＧｓのすごいところじゃな。一人一人が、17個の目標のうち「一つ」でも取り組めば、他の目標達成にもつながっていくんじゃよ。

牧口常三郎先生が言われていた「人道的《じんどうてき》競争」みたいだね！

ちーちゃん、よく知っとるのお！

ＳＤＧｓの基本理念は、「誰《だれ》も置《お》き去《ざ》りにしない」世界をつくること。地球環境と人類が共生《きょうせい》し続け、一人一人が尊重《そんちょう》され輝《かがや》いていける「未来のカタチ」を目指して、自分のできることから頑張っていきたいものじゃな！

目標❶

貧困《ひんこん》をなくそう

SDGsの目標１は「貧困《ひんこん》をなくそう」。「誰《だれ》一人置《お》き去《ざ》りにしない」世界をつくるための最優先《さいゆうせん》の課題が、「貧困をなくす」ということです。

具体的には、2030年までに、「１日2.15ドル未満《みまん》」で生活する「絶対的《ぜったいてき》貧困」の状態の人々をなくすことを目指しています。

また、各国の貧困状態にある人々の割合を「半減《はんげん》させる」ことも、目標に掲《かか》げられています。

貧困は、開発途上国だけの問題ではありません。先進国においても、一定水準の困窮《こんきゅう》状態で暮《く》らす「相対的《そうたいてき》貧困」が課題となっています。日本も、その例外ではありません。

Q 貧困《ひんこん》に苦《くる》しむ人は世界にどれくらいいるの？

約6億人が「絶対的《ぜったいてき》貧困」の状況に置《お》かれておる A

母さんが、コロナ禍《か》のせいで貧困《ひんこん》に苦《くる》しむ人が増えたんじゃないかって心配してたけど、博士は知ってる？

うむ。「絶対的《ぜったいてき》貧困」の状況に置《お》かれた人々は、以前は減《へ》り続けていたが、新型コロナウイルスのパンデミック（世界的大流行）が始まった2020年に、全世界で7000万人以上も増えたと推測《すいそく》されておる。

「絶対的貧困」!? それって、どういうこと？

1日をたった「2・15ドル未満《みまん》」で暮《く》らさなくてはいけない状況のことを「絶対的貧困」というんだ。日本円だと、1日で330円ほど（25年1月時点）しか使えないことになる。ちーちゃんは、どんな生活か想像できるかな？

えーっと、父さんにジュースとかは買っ

「絶対的貧困と相対的貧困」

てもらえるだろうけれど、朝昼晩《あさひるばん》のご飯《はん》には足《た》りないと思う……。

そうじゃな。食費《しょくひ》だけじゃなく家に住むためのお金も必要だから、とても日本では暮らしていけないね。もちろん貧困国でも、「2・15ドル未満」だと、飢《う》えに苦しんだり、医療《いりょう》を受けられなかったり、人間として最低限《さいていげん》の生活が困難になる。

全世界で「絶対的貧困」の人は、どれぐらいいるの？

約6億人で、そのうち半数が18歳未満の子どもだといわれておる。人類の13人に1人、子どもだけだと、6人に1人が「絶対的貧困」に苦しんでいることになる。日本の人口の約3倍もの子どもたちが、1日に一切《ひとき》れのパンを食べられるかどうかのような生活を強《し》いられているのじゃ。

そんなのひどすぎるよ……。

国際社会は長年、この貧困問題に取り組んできた。SDGsの前身《ぜんしん》であるミレニアム開発目標でも、SDGsでも、1番目の目標に「貧困の撲滅《ぼくめつ》」が掲《かか》げられた。SDGsでは、目標1のターゲット1で、「絶対的貧困（極度《きょくど》の貧困）」を2030年までになくすことを目指しておる（※注）。「誰も置き去りにしない」社会をつくるために、いわばSDGsの「1丁目1番地」といえる最優先課題なんじゃ。

そうなんだね！　SDGsの目標1には、「あらゆる形態《けいたい》」の貧困を終わらせるって書いてあるって、父さんに教えてもらったんだけれど、どういうことなの？

いい質問じゃ。例えば目標1のターゲット2には、各国で定められた貧困状態の割合を半減《はんげん》させることが掲《かか》げられている。日本の場合は、1カ月を約10万円以下で暮《く》らさなければならない状況が「相対的《そうたいてき》貧困」と呼ばれておる。1人暮らしで1カ月にかかるお金は平均して約16・4万円といわれているから、6万円以上も足《た》りない生活になる。

日本では、どれぐらいの人が「相対的貧困」の状況にあるの？

全人口の約15％、およそ6人に1人じゃ。これは、先進7カ国の中でも高い水準だ。「絶対的貧困」で暮らす人はほとんどいなくても、「相対的貧困」で生きなければならない人が多いという意味では、SDGsの目標1は、わしたちにとっても切実《せつじつ》な課題なのじゃよ。

<注> SDGsが採択された際、「極度の貧困」の定義は「1日1.25ドル未満」とされていたが、2022年9月に「1日2.15ドル未満」に修正された。

目標②

飢《き》餓《が》をゼロに

目標２では「飢餓《きが》を終わらせ、食料の安定確保と栄養《えいよう》状態の改《かい》善《ぜん》を実現し、持続可能な農業を促進《そくしん》する」ことが掲げられています。

実は、世界全体では人類が必要とする十分な食料が生産されています。しかし、貧困《ひんこん》や紛争、自然災害などの理由で、人々の元に届《とど》いていません。

一方、世界の人口は増加を続けており、2050年には約100億人に達《たっ》するといわれています。増大する人口に対応するために、農業の生産能力を高める必要がありますが、それが自然環境や生《せい》態系《たいけい》を破壊《はかい》するものであってはなりません。飢餓の問題は、貧困や平和、気候変動の問題とも密接《みっせつ》につながっているのです。

2 飢餓をゼロに

ちーちゃん

Q どうして飢餓《きが》はなくならないの？

A 紛争《ふんそう》や貧困《ひんこん》、自然災害や経済低迷《ていめい》などが原因だ

カッパ

カッパさん、どうして難《むずか》しそうな顔をしているの？

ちーちゃんたちの未来が心配なんだよ。海や川の魚も減《へ》っているし、何より、人間がすごいペースで増えているだろ。ご飯を食べられない人が多くなっているんじゃないかな？

日本は人口が減ってるって父さんが言ってたけど、他の国では増えてるの？

ああ。今は世界全体で約80億人だけど、2050年には約100億人になるといわれている。今でもちゃんと食べられない人が大勢いるのに、その時には、2010年に比《くら》べて1・7倍の食料が必要になるんだよ。

えっ！　そんなに！　今はどれくらいの人が、食事に困《こま》ってるの？

飢餓《きが》に苦しんでいる人が、7億人以上いるといわれている。世界の11人に1人が毎晩、

「食料は十分あるのに……」

おなかをすかせたまま眠りについているんだ。

知らなかった……。食べる物が足《た》りないの？

いいや。世界全体では年間27億トンの穀物《こくもつ》が生産されていて、捨《す》てられずに平等に行き渡《わた》れば、1人当たり約300キロ食べることができる。日本人は年間150キロの穀物を食べているといわれているから、十分足りるはずなんだ。

じゃあ、どうして11人に1人が満足に食べられないの？

世界全体では十分な食料があっても、それを手に入れることができない、格差《かくさ》の問題があるんだ。紛争《ふんそう》や貧困、自然災害や経済の低《てい》迷《めい》など、さまざまな理由で食料危機《きき》が起きている。

なかでも紛争が最《もっと》も深刻《しんこく》な状況を生んでい

て、コンゴ民主共和国、スーダン、イエメン、アフガニスタン、シリアといった国々は、いずれも人口の3割以上、人数にしてそれぞれ1000万人以上が、飢餓《きが》に苦しんでいる。ウクライナ危機も、新たな食料問題を引き起こしているんだ。

ひどい……。やっぱり平和が大事なんだね。

1990年から2015年の25年間で、極《きょく》度《ど》の貧困層は20億人から7億人にまで減った。でも、紛争や気候変動が原因で、近年は飢餓で苦しむ人が増えている。

2020年からは、新型コロナウイルスのパンデミック（世界的大流行）も状況を悪化させたんだ。子どもが5歳未満で亡《な》くなる原因の45%が、栄養不良《えいようふりょう》に関係しているとされているから、問題は深刻《しんこく》だ。

どうすれば解決できるの？

まずは、飢餓や貧困に苦しむ国を、国際社会が協力して支援して、食べ物が平等に行き渡る社会を築く必要があると思う。

それに、食料の生産量を増やすには環境にも配慮《はいりょ》しないといけない。これまで通り、大規模な農業で生産を増やしていけば、生態系《せいたいけい》が壊《こわ》れてしまうかもしれないから。

SDGsの目標2は、「飢餓を終わらせ、食料の安定確保と栄養状態の改善を実現し、持続可能な農業を促進《そくしん》する」と掲《かか》げている。自然環境や生態系を維持する持続可能な方法で生産量を増やして、飢餓をなくすことが求められているんだ。

目標❸

すべての人に
健康と福祉《ふくし》を

皆さんは、必要な時に、すぐに病院で治療《ちりょう》を受けることができますか？

人間にとって健康は、幸福に生きるための重要な条件の一つです。しかし世界では、いまだに多くの人々が十分な医療《いりょう》や福祉《ふくし》を受けることができず、命を落《お》としています。

SDGsの目標３「すべての人に健康と福祉を」では、妊産婦《にんさんぷ》や新生児《しんせいじ》の死亡率《しぼうりつ》の低下、結核《けっかく》やマラリアなどの感染症《かんせんしょう》の根絶《こんぜつ》を目指しています。

また安全で安価《あんか》なワクチンの普及《ふきゅう》のほか、非感染性疾患《しっかん》（がんや糖尿病《とうにょうびょう》など）の早期死亡率の低下、心の健康の推進なども掲《かか》げられています。その意味で、目標３は全《すべ》ての国にとって重要なのです。

ちーちゃん

Q 世界《せかい》における医療《いりょう》の"格差《かくさ》"って何？

A 病気の適切《てきせつ》な予防《よぼう》や治療《ちりょう》が受けられない国が多くあるんじゃ

博士

ちーちゃんは、病気になったことはあるかな？

うん！ まだ赤ちゃんの頃《ころ》にすごい熱《ねつ》が出て、入院したことがあるって、母さんから聞いたよ。でも、お医者さんが治療《ちりょう》してくれたおかげで、すぐに治《なお》ったんだって！

そうかー。それは良かったのう。日本の医《い》療《りょう》は進んでいるからな。

ほかの国は違うの？

まだまだ医療の体制が整《ととの》っていない国が多いんだよ。世界では年間約500万人の子どもたちが、5歳になる前に亡《な》くなっておる。そのうち半数以上が、アフリカのサハラ砂漠《さばく》より南の地域に住む子どもたちじゃ。

えーっ!! 病気のせいなの!?

そう。早産《そうざん》や出産時の合併症《がっぺいしょう》、肺炎《はいえん》、下《げ》

「これで安心だね！」

痢《り》、マラリアなどの感染症《かんせんしょう》が主な原因なんだ。

感染症のことはテレビで見たことあるけど、マラリアって何？　私、初めて聞いた！

日本では、なかなか耳にしないからな。マラリアは、マラリア原虫《げんちゅう》という寄生虫《きせいちゅう》に侵《おか》された蚊《か》に刺《さ》されて感染する病気で、主に熱帯《ねったい》や亜熱帯《あねったい》地域で流行しておる。年間60万人以上がマラリアで命を落としているが、その大半がアフリカで生まれた5歳未満《みまん》の子どもたちじゃ。

そうなんだ……。

そして、マラリアは世界の三大感染症の一つでもあるんじゃよ。

三大感染症？

エイズ・結核《けっかく》・マラリアの総称《そうしょう》だよ。エイ

ズは、ＨＩＶというウイルスに感染することで起こる病気。結核は、結核菌《きん》を吸《す》い込むことが原因で起こる病気だ。どちらも重症化《じゅうしょうか》すると死に至《いた》ってしまうのじゃが、こうした感染症で亡《な》くなる人が多いのもまた、アフリカのような開発途上国なんだ。

どうして、そうした感染症の被害《ひがい》が収《おさ》まらないの？

一番の理由は、裕福《ゆうふく》な国や人々であれば受けられるはずの予防や治療が受けにくいことだな。もちろん、マラリアのように、気候帯が関係した感染症もある。でも、それぞれの病気に対しての予防法・治療法が確立され始めた今、裕福な人々と、そうでない人々の間にある〝格差《かくさ》〟が大きな要因だと考えられる。

〝格差〟って、どういうこと？

例えば、医療サービスについていえば、

「予防」の面《めん》だと、日本では当たり前に受けられる予防接種《せっしゅ》が、途上国などの子どもたちは受けられない。「治療」の面だと、開発された治療薬が飲めなかったり、医者の少なさが原因で病気にかかっても診《み》てもらえないのじゃ。

そっか……。他にもあるの？

きれいな水が使えないといった衛生《えいせい》環境の悪さ。手洗いの重要性や感染を防《ふせ》ぐための知識が浸透《しんとう》していないという、教育の格差もあるのう。こうした格差をなくすために、各国政府や国際機関、団体などが協力して取り組んでおる。住む場所や収入などに左右されることなく、子どもをはじめ全《すべ》ての人々の健康が守られることが、ＳＤＧｓに掲げられた目標なんだ。

目標④

4 質の高い教育を
みんなに

質《しつ》の高い教育をみんなに

日本では、中学校までは、全《すべ》ての国民に学校で学ぶ権利が保障《ほしょう》されています。しかし、世界の国々では、貧困《ひんこん》や紛争《ふんそう》などの理由によって、学校に通《かよ》うことのできない子どもたちがたくさんいます。読み書きや計算の能力を身に付けることができなければ、貧困の連鎖《れんさ》から逃《のが》れることも難《むずか》しくなってしまうでしょう。

また「生涯学習の機会を促進《そくしん》する」ことも、目標4には掲《かか》げられています。日本でも、大学などで学ぶ社会人や高齢者が増えています。

寿命《じゅみょう》が延《の》びるとともに、変化の速い時代を生きる私たちにとって、何歳になっても学び続けることが、豊かな人生を築く上で大切になってきています。

4 質の高い教育をみんなに

Q どうして教育を受けられない人がたくさんいるの？

A 紛争《ふんそう》や貧困《ひんこん》などが大きな原因だよ

ちーちゃん、聞いて！ きょう学校で、海外から来た子たちとの交流会があったんだ。

へー、そうなんだ！ どんな人たちだったの？

難民《なんみん》として日本に滞在《たいざい》している子たちだよ。ある中東《ちゅうとう》の子は、自分の国で紛争《ふんそう》が起きていて、家も学校も壊《こわ》されてしまったんだって。日本では、「安全な環境で勉強ができてうれしい」って言っていた。

そういえば、前に難民の話を聞いたことがある。私ぐらいの子もたくさんいるって。

そうだね。私も今回の交流で知ったんだけど、世界には今、学校に通《かよ》えない6歳から17歳の子どもたちが、約2億5000万人いるといわれている。これは全体の「5人に1人」にも及《およ》ぶの。

学校教育を受けられない子どもの数が一番多いのはアフリカの国々で、例《たと》えば南スーダ

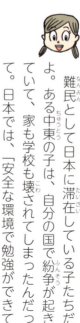

「学校で勉強したいのに……」

ンでは、子どもの約6割が小学校に通えていないそうだよ。

そんなにいるんだ……。みんな、戦争のせい？

紛争などで学校自体がなくなってしまった、使えなくなってしまったことは大きな原因の一つ。

でも、仮《かり》に学校があったとしても、遠すぎて通えない人もいる。あるケニアの子は、毎朝、2時間もの危険な道のりを歩いて学校に通っているって聞いた。こうした環境だと、いつ学校に通えなくなってもおかしくないよね。

20分じゃなくて2時間!?　私、毎日そんなに歩けないよ……。

ほかにも課題はたくさんある。貧困などさまざまな理由で、一日中、働かざるを得なくて、学校に行くどころじゃない子たちもいるんだよ。

本当に悲しいことだね……。

それに、そもそも教育の重要性が理解されていない場合も多い。親の判断で強制的《きょうせいてき》に結婚させられてしまうような地域では、特に女の子たちの教育の機会《きかい》が奪《うば》われている。こうした伝統的な価値観なども影響《えいきょう》しているんだ。

あと、教育の「質《しつ》」の問題もあるよ。学校に行けても、先生の人数や教材が不足していて、学習内容の質が低いことが国際的な課題みたい。

知らなかった。いろんな問題があるんだね。

世界と比べれば、日本の学校は整備されているけど、全《まった》く問題がないわけじゃないよ。「質の高い教育をみんなに」というのがSDGsの目標だけど、日本では本当に「質の高い教育」を「みんな」が受けられているのかな？

例えば、日本語がうまく話せない外国にルーツを持つ子や、障《しょう》がいのある子など、十分な教育が行き届《とど》いていない子たちがいると聞いた。あと、いじめも深刻《しんこく》な問題だね。だから、先進国である日本も、自分事《じぶんごと》として取り組むべき課題だよ。

そっかー。私は絵本を読んだりするのが好《す》きだし、小学校に入るのも楽しみ！　みんなが自由に勉強できる世界に、早くなってほしいなあ！

そうだね！　私たちも勉強を頑張《がんば》って、将来、多くの子どもたちのために何かできたらいいね！

みんなでやってみよう！ SDGsクイズ❶

❶ 1日を「2.15ドル未満《みまん》」で暮《く》らさないといけない状況を「絶《ぜっ》対的貧困《たいてきひんこん》」といいます。世界で「絶対的貧困」に置かれた人は、どれくらいいるでしょうか？

Ⓐ 約30億人
Ⓑ 約15億人
Ⓒ 約6億人

❷ 世界の食料を安定して確保する方法の一つとして、「昆虫《こんちゅう》食《しょく》」が注目されています。その理由は次のうちどれでしょうか？

Ⓐ 少ない餌《えさ》や水で大量に飼育《しいく》できるから
Ⓑ 子どもたちが大好きだから
Ⓒ 料理がしやすいから

❸ おなかに赤ちゃんがいるお母さんと、生まれてくる子どもの健康状態を記録できる「母子《ぼし》健康手帳」。誕生した国は次のうちどれでしょうか？

Ⓐ アメリカ
Ⓑ 日本
Ⓒ スイス

※クイズの答えは55ページへ

Q 勉強って学校を卒業したら終わり？

A 今は生涯《しょうがい》、学び続けることが大切な時代だよ

母さん、何の本を読んでいるの？

世界の教育についての本だよ。

SDGsの「質の高い教育をみんなに」の「みんな」は、子どもたちだけじゃなくて、大人も含《ふく》まれる。誰《だれ》もが学び続けられる社会にしていくことが目標なんだって。

勉強って、学校を卒業したら終わりじゃないの!?

違《ちが》うよ！　今は「生涯《しょうがい》学習」の時代。だから父さんも、何か勉強してみたら？

え!?　でも時間が……。

今は通信教育や、オンラインのコースを提《てい》供《きょう》する学校もたくさんある。人生100年時代の今、新しい知識やスキルを習得《しゅうとく》していかないと、社会の変化についていけないよ。

そうかー。言い訳《わけ》をしている場合じゃない

「誰もが学び続けられる社会へ」

ね。あ、でもお金が……。

確かに、経済的な負担《ふたん》は大きな課題だよね。SDGsの目標でも、〝全《すべ》ての人が無理なく払《はら》える費用《ひよう》で、技術や職業に関する教育や、大学などの高等教育を受けられるようにする〟とある。

日本でも、高等教育の無償化《むしょうか》などが進んでいるようだけど。

そうだね。でも日本では、経済的理由から大学に行けない人も、まだまだ多いみたい。日本の大学進学率《しんがくりつ》は、どれくらいか知ってる？

　日本では今、大学に進む人は高校卒業生全《ぜん》体《たい》の6割ほど。他の先進国と比《くら》べると、大学進学率は決して高い方じゃないの。ちなみに、オーストラリアの進学率は90％以上、デンマークは80％以上だよ。

そんなに違《ちが》うんだ！

さまざまな理由があるにせよ、経済格差《かくさ》が教育格差につながるような状況は、変える必要があるね。

うん。あと経済以外にも、地方と都市部の格差も存在するよ。
例《たと》えば、地方と比べて都市部には、私立の学校や塾《じゅく》がたくさんある。つまり教育機関の選択肢《せんたくし》に差《さ》ができてしまう。これも教育格差だよ。

オンライン授業などの整備《せいび》を進めて、誰《だれ》もが、どこでも、さまざまな学びの機会にアクセスできる社会にしないといけないね。

大人の人たちは、どんな勉強をするの？

世界全体で見ると、一番の基本になるのは「読み書き」かな。
世界では15歳以上の約7億人が、読み書きが十分にできないんだ。ＳＤＧｓにも〝2030年までに、若者と大人が読み書きと計算能力を身《み》につけられるようにする〟とある。

へー、知らなかった！

そしてＳＤＧｓの目標には、大人も含《ふく》め、全《すべ》ての人が「持続可能なライフスタイル」を学ぶ、とも記《しる》されている。自分のスキルアップだけでなく、同じ地球に暮《く》らす一員として、どういう生き方が必要か——そんなことも学ばないといけない。

そうか！　父さんもＳＤＧｓの講演会に参加したりして、努力してみるよ。みんなで地球の未来を守らないとね！

目標⑤

5 ジェンダー平等を実現しよう

ジェンダー平等を実現しよう

「ジェンダー」とは、社会的・文化的につくられた性差《せいさ》のことです。生物学的《せいぶつがくてき》な性と区別され、男性や女性、またはその他の性別に関連する役割《やくわり》、行動、期待、規範《きはん》などを含《ふく》みます。

日本は「教育」「健康」の分野では「ジェンダー平等」が進んでいるものの、「経済」「政治」の分野では数多くの課題が残っています。女性の権利促進《そくしん》とともに、男性の積極的《せっきょくてき》な関与《かんよ》が、「ジェンダー平等」実現への鍵《かぎ》を握《にぎ》っています。

5 ジェンダー平等を実現しよう

Q ジェンダー平等って、どういうこと？

母・陽子

兄・勇気

性別《せいべつ》や性自認《せいじにん》、性的指向《せいてきしこう》にかかわらず、誰《だれ》もが社会で輝《かがや》けるようになることだよ A

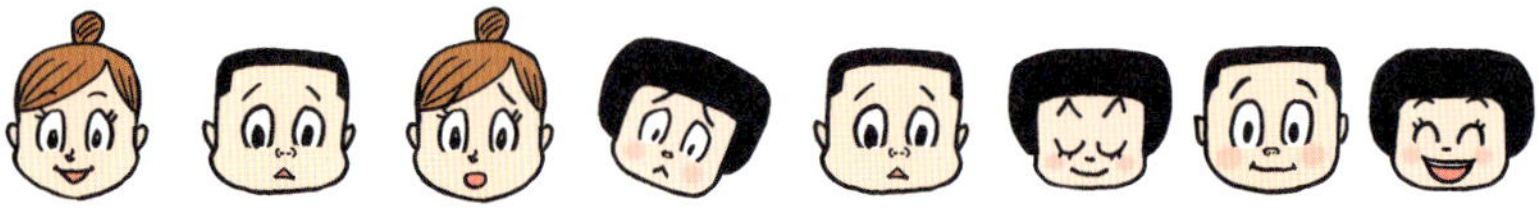

お兄ちゃん、きょうはどこ行くの？ 一緒に遊《あそ》ぼうよ！

ごめんね、柔道《じゅうどう》の練習があるんだ！

いいなー！ 私も柔道したい！

ちーちゃんは女の子なんだから、ピアノとかバレエがいいと思うよ。

えー！ どうして？

勇気、「女の子なんだから」なんて言わないの。ジェンダー平等が大切だからね。

ジェンダー平等？

そう。ジェンダーっていうのは、社会的・文化的につくられた性差《せいさ》のことだよ。「男性はこうあるべき」「女性はこうあるべき」という決めつけが、たくさんの人を苦しめているし、女性の社会進出を妨《さまた》げているの。

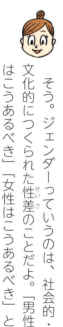

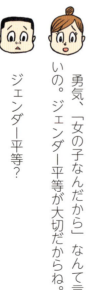

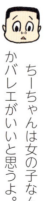

「誰もが輝く社会へ」

どれぐらいのギャップがあるの？

例えば、日本では働《はたら》いている人のうち、管理職に占《し》める女性の割合は12・7％。さらに、国会議員の女性比率《ひりつ》は、わずか5分の1なの。賃金《ちんぎん》格差も深刻で、家庭内の無償《むしょう》労働のほとんどを女性が担《にな》っているのも問題だよ。

確《たし》かに、すごく不平等だね。

世界経済フォーラムの「ジェンダー・ギャップ指数《しすう》」では、日本は146カ国中で118位だよ（2024年時点）。

え！　下から数えた方が全然《ぜんぜん》早いじゃん！

「教育」と「健康」の分野でのギャップは比較的《ひかくてき》小さいんだけど、「経済」と「政治」では大きいんだ。その背景《はいけい》には、男性が支配的な地位を持つ日本の家父長制《かふちょうせい》の文化の影響があるといわれているよ。だから、女性の社会での活躍を促進すると同時に、家事・育児などに男性が関わる「男性の家庭進出」も促《うなが》していく必要があるね。

そっかー。

さらに、性的マイノリティーの人たちが日常生活の中で偏見《へんけん》や差別に直面《ちょくめん》している現状がある。例えば、同性婚《どうせいこん》が認められていないために、パートナーとしての法的な権利が得られなかったり、学校や職場で無理解《むりかい》やいじめに苦《くる》しんだりする人もいるんだよ。

同性婚って、まだ日本ではできないんだっけ？

そう。日本は法的に同性婚を認めていない数少ない先進国の一つなんだ。これによって、パートナーシップを築《きず》くうえで、住居や保険、相続《そうぞく》といった面で不利益《ふりえき》を受けるケースが多い。さらに、性的マイノリティーの人たちに対する無意識《むいしき》の偏見《へんけん》が、職場や学校での孤立感《こりつかん》につながっているといわれているよ。

それは確かに辛《つら》いね。どうすればいいんだろう？

誰もが性別《せいべつ》や性自認《せいじにん》、性的指向《せいてきしこう》に関係なく、自分らしく生きられる社会をつくることが大切だね。そして、そのためには法整備《せいび》だけでなく、私たち一人一人が多様性を尊重《そんちょう》し、意識を変えることが必要なんだと思うよ。

なるほど。ジェンダー平等って、あらゆる人に関わる大切な問題なんだね。

そうだね。ジェンダー平等は、女性や性的マイノリティーの人たちが自分らしく生きられるだけでなく、社会全体の活力《かつりょく》や幸福度を高めるものなんだ。日本でも、こうした課題に向き合うことで、より良い未来を築くことができるはずだよ。

目標⑥

6 安全な水とトイレを世界中に

安全な水とトイレを世界中に

目標６は、「すべての人々に水と衛生《えいせい》へのアクセスを確保する」ことを目指《めざ》しています。

世界の４人に１人が安全に管理された飲み水を利用できず、10人に４人が安全に管理された衛生施設《しせつ》（トイレ）を利用できていません（2022年時点）。毎年、およそ45万人の５歳未満《みまん》の子どもが下痢《げり》で亡《な》くなっていますが、安全な水とトイレ、衛生習慣によって、こうした犠牲《ぎせい》を防《ふせ》げるのです。

水不足や不適切な衛生施設は、貧困《ひんこん》家庭における食料の確保、生活手段の選択、教育機会にも悪影響を及《およ》ぼしています。

6 安全な水とトイレを世界中に

ちーちゃん

世界で安全な水が飲《の》めない人はどれくらいいるの？

約22億人、4人に1人じゃ

博士

ふーっ、わしも年を取ったのう。腰《こし》と膝《ひざ》が痛《いた》むわい……。

博士、そんな大きなスーツケースを持って、どこに行っていたの？

古い友達に会いに、久々《ひさびさ》に海外に行ったんじゃが、とんでもないことが起きておった。

何があったの？

その友人の家は、大きな川の近くにあるんだが、川が干上《ひあ》がってしまったんじゃ。その地域に暮《く》らす人々は、飲み水にも困《こま》る状況に陥《おちい》っておる。以前は、友人と一緒に川で釣りを楽しんだんだがなあ。

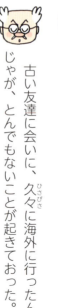

えー！　なんで、そんなことになっちゃったんだろう!?

大きな原因の一つは、「気候変動《きこうへんどう》」じゃよ。異常気象により、各地で干《かん》ばつが続いて、川

「日本の日常は、世界の当たり前じゃない……」

や湖《みずうみ》の水量《すいりょう》が減《へ》っている。農業や工業といった経済活動のほか、生活用水《せいかつようすい》の確保など、人々の生活に甚大《じんだい》な影響をもたらしているんだ。

お水がなかったら、大変だよね。お米や野菜が作れないし、プールで水遊びもできないよ……。

そして「人口増加」も、水資源の不足に拍《はく》車《しゃ》をかけておる。今の世界人口は約80億人じゃが、2050年には約100億人まで達《たっ》し、このままだと深刻《しんこく》な水不足《みずぶそく》になるという予測《よそく》もある。それは、新たな紛争の引き金にもなりかねないんじゃ。

そうなの!?

そうじゃ。水資源に恵《めぐ》まれた日本にいるとなかなか分からないが、水の問題というのは命や生活に関わる大切なものなんだよ。ちーちゃんは喉《のど》が渇《かわ》いたら、家でも公園でも、水道からきれいな水が飲めるだろう。でも、こんなことができる国は、世界でもわずかしかない。インフラの未整備《みせいび》などもあって、世界では今、約22億人、つまり4人に1人が、安全に管理された飲み水へのアクセスがない環境で生活しているんじゃ。

どういうこと？

自宅に水道などの設備《せつび》がなく、家から遠く離《はな》れた場所でしか水が得《え》られないということだよ。毎日、何時間も歩いて家まで水を運《はこ》んでいる子どもたちもいる。しかも、そうした人のうち1億4400万人が、川や湖、池などの不衛生《ふえいせい》な「地表水《ちひょうすい》」を飲んでいて、多くの人が病気になっておる。

知らなかった……。きれいな水が飲めるって、当たり前のことじゃないんだね。こうした問題をなくすために、できることはあるの？

日本人として取り組むべきことの一つは「国境を超《こ》えた協力」じゃ。これは、ＳＤＧｓの目標の中でも強調されておる。特に日本には、世界でもトップクラスの水道設備や浄《じょう》水《すい》技術がある。実際、海外各地で水道整備の支援も行っているんだよ。

世界のもっと多くの人が、安全な水を飲めるようになるといいね！

あと一つ。日本はたくさんの食料を海外からの輸入に頼《たよ》っておる。そうした食料を生産する過程《かてい》でも、大量の水が使われているんじゃ。つまり、わしらの食生活も世界の水資源の問題と深く関わっており、決して人ごとじゃない。このことも忘れないでおこう。

コラム

各国・地域で反響を呼ぶ「希望と行動の種子」展。台湾では同展をもとにした展示会が各地で行われた（2021年、前鎮文化会館で）

創価学会公式サイトで学会のSDGsの取り組みを紹介しています

創価学会
SDGsの目標達成へ——
展示など啓発《けいはつ》活動を推進

創価学会では、SDGsの普及《ふきゅう》、目標達成に向けた多角的《たかくてき》な取り組みを進めています。

2021年に完成した環境展示「希望と行動の種子《しゅし》」展は、同年秋の国連気候変動枠組《わくぐ》み条約第26回締約国《ていやくこく》会議（COP26）に合わせ、会議の開催地であるイギリス・グラスゴー市内で行われ、大きな反響を呼びました。

同展は、コロナ禍の中でも、インド、ウルグアイなど各国でオンライン学習の形で活用されてきましたが、それ以降は日本を含む十数カ国・地域で通常開催を実施。インドでは200を超える学校で実施されています。

このほか学会では、コロナ禍中には映画上映会「SDGsオンラインシネマシリーズ」を実施したほか、公式YouTubeチャンネルでの学習動画も好評《こうひょう》です。

6 安全な水とトイレを世界中に

ちーちゃん

Q 安全に管理《かんり》されたトイレが使えない人は世界にどのくらいいるの？

A 約35億人もいるんじゃ

博士

ねえねえ、私は、このお花畑に行ってみたいな！

ちょうど見頃《みごろ》の季節だね！

二人とも何をしとるんじゃ？

今ね、春の家族旅行の計画を立てているんだ！

ほう、それは楽しそうじゃな。ところで、訪《おとず》れる場所にトイレがあるかは、ちゃんと確かめたかな？

博士、トイレなんて、どこにでもあるから大丈夫ですよ（笑）。

いや、あえて質問したんじゃよ。あらゆる場所に清潔《せいけつ》なトイレがある日本――。これは、世界的には例外なんじゃ。実は、世界の約35億人、約4割強もの人々が、安全に管理されたトイレを使うことができない。

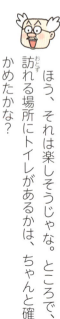

「トイレの力で、ぴかぴかな未来へ」

そういう人たちは、どうしているんですか？

約4億1900万の人々は、草むらや道端《みちばた》など、屋外《おくがい》で排《はい》せつをしている。これが、たくさんの問題を引き起こす原因になっておる。

えー！　どんな問題？

至《いた》る所に放置された排せつ物が、川や池、地下水などに流れ込み、環境を悪化させる。これにより、多くの人が、汚染《おせん》された危険な水を飲むことになるんじゃ。

コレラなどの病気は聞いたことがあるかな？　汚染水による感染症のせいで、毎日1200人以上もの子どもたちが命を落としている、ともいわれる。トイレがあれば、人の健康や命を守ることができるんじゃ。

そもそもトイレがないと、普通《ふつう》の生活もできません……。

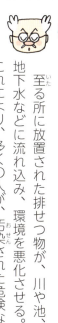

わしらは1日に何回もトイレに行く。もし学校にトイレがなかったら、和楽《わらく》さんはどうする？

想像もできないです……。

世界では、特に女性が、屋外《おくがい》で排せつをしないといけないため、用《よう》を足《た》すのを我慢《がまん》することも多い。ちなみに、アフリカの女の子の10人に1人は、トイレがないという理由で生《せい》理《り》中は学校を休むそうじゃ。トイレに行くために、授業の合間に家に走って帰る子もいる。でも結局《けっきょく》、学校を辞《や》めてしまう子も多いんじゃ。

信じられないよ……。

トイレをはじめ、きちんとした「衛生施《えいせいし》設《せつ》」の整備は、人間の尊厳《そんげん》、女性の人権、就《しゅう》学率《がくりつ》の向上など、多くの課題を解決する大きな鍵《かぎ》なんじゃ。国際社会が協力して取り組まないといかん。

どこにでも清潔《せいけつ》なトイレがある日本は、本当にすごいんですね。

ふむ。日本は長年、世界のトイレ事情を改《かい》善《ぜん》するために尽力《じんりょく》してきた。例えば、インドでは、ガンジス川の流域に1000以上の公衆トイレを設置しているという。

すごい！

だが、考えなきゃならんこともある。日本ではトイレのほとんどが水洗式《すいせんしき》で、大量の水を使うんじゃ。実は、水を1回流すたびに、大きなペットボトル数本分もの水が使われているのは、知っていたかな？

だから最近は、大事な水資源の節約のために、いろいろな種類のトイレが開発されている。雨水《あまみず》を使った水洗式トイレもある。トイレのあり方から、持続可能な未来を考えることも大切じゃよ。

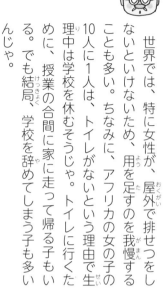

目標⑦

7 エネルギーをみんなに
そしてクリーンに

エネルギーをみんなに
そしてクリーンに

照明《しょうめい》や冷房《れいぼう》、テレビに洗濯機《せんたくき》——私たちの生活は、電気に支《ささ》えられて成り立っています。しかし世界ではいまだに、約７億人が電力を使うことができません。

夜は、依然《いぜん》として暗がりの中で生活しています。そして、まきや炭《すみ》を使用することによって、屋内《おくない》の空気が汚染《おせん》され、多くの人が健康を害《がい》し、命を落としているのです。

エネルギーの問題は、地球温暖化にも直結《ちょっけつ》しています。石油や石炭など化石燃料の使用は、温暖化の原因となる二酸化炭素《にさんかたんそ》を多く排出《はいしゅつ》します。太陽光や風力《ふうりょく》など、二酸化炭素を出さず、使っても減《へ》らない再生可能エネルギーの割合を大幅《おおはば》に増やさなければ、気候変動に歯止《はど》めをかけることはできません。

7 エネルギーをみんなに そしてクリーンに

Q 電気のない生活をしている人はどのくらいいるの？

母・陽子

兄・勇気

世界で約7億人といわれているよ A

勇気！　冷蔵庫《れいぞうこ》の扉《とびら》が開けっぱなしだよ。ちゃんと閉《し》めてね。

ごめん、母さん。スマホを見ながらだったから、つい……。

勉強机《づくえ》の電灯《でんとう》もつけっぱなしだったよ。開《かい》発《はっ》途《と》上国《じょうこく》では電気がない家の中で、ろうそくの火で一生懸命《いっしょうけんめい》に勉強している子どももいるんだから。電気を使えることに感謝して、ちゃんと節約《せつやく》してほしいな。

うん、分かった！　でも、本当に電気が使えない家ってあるの？

最近、本で読んだんだけど、全世界で約7億人もの人が電気を使えない生活をしているらしいの。

え！　全人口が約80億人って学校で教わったから、それって11人に1人くらいが電気を使えないってことだよね？

「こんなに違うんだ……」

そうね。そうした人も含《ふく》め、20億人以上が、料理をしたり、部屋を暖《あたた》めたりするのに、まきや炭《すみ》などを燃《も》やさないといけない状況にあるんだって。

電気を使えない生活なんて、考えられないなー。スマホも使えないし、ゲームもできないじゃん。でも、柔道《じゅうどう》の練習に専念《せんねん》できるからいいか！

そういう問題じゃないよ……。電気が使えないってことは、命に関わる深刻《しんこく》な問題なの。部屋の中でまきや炭を燃やして出る煙《けむり》が原因で、大勢《おおぜい》の人が命を落としているのよ。マラリアや結核《けっかく》による死亡率《しぼうりつ》より高いっていわれているんだから。

まきを集めて火をおこすのだって、何時間もかかる。子どもがその重労働《じゅうろうどう》をさせられて、健康被害《ひがい》を受けるケースもあるらしいよ。

知らなかった。勉強どころじゃないね

……。

夜に勉強する時も、ランプやろうそくの小さな明かりしか使えない。電気がないことは、健康や福祉《ふくし》、教育の格差《かくさ》につながるの。

電気が使えない病院では、ワクチンも適《てき》切《せつ》な温度で保存《ほぞん》できない。世界では1年で150万人もの子どもが、5歳になる前に予《よ》防《ぼう》可能《かのう》な病気で亡《な》くなっているのよ。

大人だって電気が使えれば夜も働ける。農業に従事《じゅうじ》している人も、副収入《ふくしゅうにゅう》を得ることも考えられるわ。電気がないことが、経済的な格差にもつながっているの。

そうなんだ……。電気がないって、大変なことなんだね。

SDGsの目標7「エネルギーをみんなにそしてクリーンに」は、貧困《ひんこん》、健康と福祉、教育、そして気候変動《きこうへんどう》といった、他の目標に密接《みっせつ》に関《かか》わる大切な目標なんだ。

でも、どうして途上国では電力が普及《ふきゅう》していないの?

自然環境の過酷《かこく》さや、その国の経済状態の問題が大きいけど、紛争《ふんそう》や内戦《ないせん》など、さまざまな理由があるらしい。送電網《そうでんもう》を整備《せいび》するのが、とても難《むずか》しい状況に置《お》かれているんだ。

そこで今期待されているのが、送電線を使わないで分散的《ぶんさんてき》に利用することもできる再生《さいせい》可能エネルギー。例えば、太陽光発電ね。地球にも優《やさ》しいクリーンなエネルギーで、途上国の電力普及率《りつ》が高まれば、たくさんの問題が解決できるんだ。

4コマ劇場「昆虫食《こんちゅうしょく》」

7 エネルギーをみんなに そしてクリーンに

Q クリーンなエネルギーって何？

A 二《に》酸《さん》化《か》炭《たん》素《そ》を排出《はいしゅつ》しないなど、環境に負荷《ふか》をかけないエネルギーだよ

母さん、きょうは本当にあったかいねー。

うん。冬とは思えない陽気《ようき》だね。12月なのに、気温が25度を超《こ》えた地域もあるんだって。

テレビのニュースで、半そでシャツで外を歩いている人が紹介されていたよ！

ふむ。今年（2023年）の世界の平均気温は、産業革命の頃《ころ》と比べ、1・4度も上がってしまう見込《みこ》みだという。これは大変なことじゃ（※注）。

博士、そんな大《おお》ごとなの？

とんでもない大ごとじゃよ。世界では今、2030年に向けて、産業革命からの平均気温の上昇を1・5度以下に抑《おさ》えようとしておる。この温度を超えてしまうと、異常《いじょう》気象《きしょう》や災害がもっと増える。生態《せいたい》系《けい》も破壊《はかい》される。そして、多くの人々の暮《く》ら

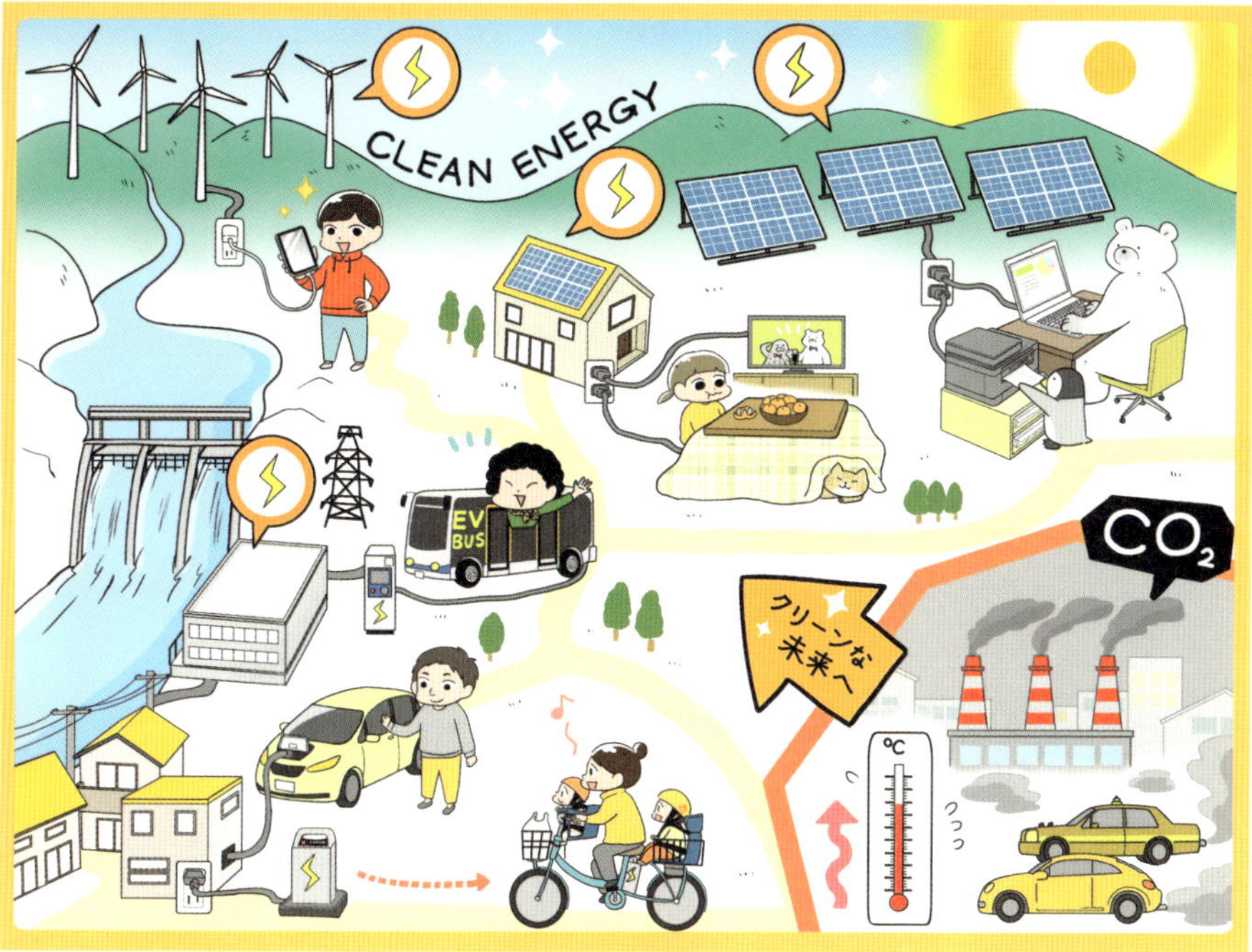

「地球にやさしい電気のつくり方を」

しが脅《おびや》かされるんじゃ。日本も例外ではない。

どうすればいいの⁉

さし迫《せま》った課題は、ＳＤＧｓの目標７にある「クリーン」なエネルギーの活用じゃ。つまり、脱炭素《だったんそ》社会を目指《めざ》していくということになる。

ダツタンソ社会って何？

温室効果《おんしつこうか》ガスである二酸化炭素《にさんかたんそ》の排出《はいしゅつ》が少ない社会のこと。そのためには、石油、石炭、天然ガスなど、化石燃料《かせきねんりょう》をエネルギー資《し》源《げん》とする、社会のあり方を変えないといかん。

前は、うちでも石油ストーブを使っていたよね。

そうだったね。博士、近頃《ちかごろ》の日本では、エ

ネルギーの生産・消費はどういう状況なんですか？

日本は、世界で5番目のエネルギー消費《しょうひ》大《たい》国《こく》。そして、エネルギー資源のほとんどを輸《ゆ》入《にゅう》に頼《たよ》っており、石炭、天然ガスの消費量が多い。

温暖化を防《ふせ》ぐためには、クリーンエネルギーの利用を、どんどん進めないといかん。

クリーンなエネルギーってどういうこと？

二酸化炭素を排出《はいしゅつ》しないなど、環境に負荷《ふか》をかけないエネルギーのことじゃ。例えば、太陽光発電、風力《ふうりょく》発電、地熱《ちねつ》発電など。いくら使ってもなくならないから「再生可能《さいせいかのう》エネルギー」ともいわれる。

現在、世界で使われているエネルギーのうち、再生可能エネルギーが占《し》める割合は約18%。もっと普及《ふきゅう》させる必要がある。

最近、近所でもソーラーパネルをつけた建物が増えているね。

日本は、太陽光発電の技術において世界で高いレベルにある。アフリカなどで、太陽光発電所の建設にも協力しておる。

へー、日本も頑張《がんば》っているんだ！　私たちにできることは？

たくさんある！　まずは、家で使う電気を、再生可能エネルギーに替《か》えること。インターネットなどで申し込めば、すぐに切り替えられる。値段《ねだん》もさほど変わらないことが多い。あとは電気の節約《せつやく》。必要のない時は、電気を小まめに消すことじゃ。

それなら私にもできる！

エネルギーのつくり方・使い方と、地球環境は密接《みっせつ》に関係しておる。クリーンなエネルギーの未来を目指す上で、〝小さすぎる努力〟はない。みんなで力《ちから》を合わせよう！

＜注＞世界気象機関によると、2024年は、世界の平均気温が産業革命前の水準と比べて 1.55度上昇した。

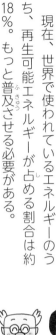

目標❽

働《はたら》きがいも 経済成長も

目標８は、「持続可能な経済成長」とともに、人々が「働《はたら》きがいのある人間らしい仕事」を実現することを目指《めざ》しています。

経済が成長しなければ生活は豊かにならず、貧困の問題も解決しません。誰《だれ》も置き去りにしない社会を築くには、全《すべ》ての人に安全な雇用《こよう》を確保し、一人一人の生産性を高め、環境悪化につながらないようにしながら、持続的に経済を成長させていく必要があります。

強制労働や児童労働の問題も深刻《しんこく》です。児童労働を撲滅《ぼくめつ》し、全ての人が「人間らしい仕事」に従事《じゅうじ》することが、持続可能な世界の実現には不可欠《ふかけつ》です。

8 働きがいも経済成長も

Q 児童労働《じどうろうどう》って何?

A 18歳未満《みまん》の子どもが有害な環境《かんきょう》で違法に働《はたら》かされることだよ

父さん、その大きな袋《ふくろ》、何!?

新しい服だよ! 店員さんにすすめられて、すごく安かったから、たくさん買っちゃった!

でも、ちょっと買いすぎじゃない?

どれも綿製品《めんせいひん》で、肌触《はだざわ》り良し!

少し気になることが……。実は、学校で教わったんだけど、服に使われている綿って、開発途上国の貧《まず》しい子どもたちが作っているケースがあるみたい。「児童労働《じどうろうどう》」といって、世界的な問題なんだ。

児童労働?

うん。18歳未満の子どもが、教育の機会を奪《うば》われたり、心と体の健康的な成長を妨《さまた》げられたりしながら、危険で有害《ゆうがい》な環境で違法《いほう》に働《はたら》かされること。

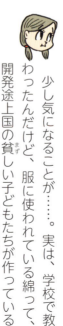

「その製品の背景、知ってる？」

えー!!

世界では今、子どもの10人に1人、約1億6000万人の子どもたちが児童労働に従事《じゅうじ》している。特にアフリカが多いの。

なぜ、大切な子どもたちを働かせるんだい？

大きな理由の一つは、子どもの労働力を必要とするほどの「貧困《ひんこん》」。学校に行かせる余裕《よゆう》が家庭になく、親が教育の必要性をあまり理解していない場合もある。そういう家の子は幼《おさな》い頃《ころ》から働いて、読み書きができず、過酷《かこく》な労働で体調を崩《くず》してしまうこともあるんだ。大人になっても、貧困から抜け出せないの。

それはひどいね……。

日本も無関係じゃないよ。日本は、児童労働や強制労働に関連すると考えられる産品《さんぴん》の輸入額が、アメリカに次《つ》いで2番目に多い。

え、どういうこと？

児童労働で成り立つ商品を、私たちが知らないうちに買っているかもしれない、ということ。例えば、スマホのリチウムイオン電池に使われるコバルトは、その大半がアフリカのコンゴ民主共和国で採掘《さいくつ》されているんだけど、子どもたちがその現場で働いている。チョコレートの原料であるカカオの生産にも、児童労働が関わっている場合があるんだ。

そうだったのか。子どもを犠牲《ぎせい》にするようなビジネスは、許《ゆる》さないようにしないといけないね。

児童労働は「人権問題」でもあるよ。「子どもの権利条約」って聞いたことある？　日本も批准《ひじゅん》しているけど、まだまだ認知度《にんちど》が低いの。

子どもの権利？

「子どもの権利条約」では、子どもは、大人と同様に人権があり、尊重《そんちょう》されるべき一人の人間とされているんだ。子どもは大人に従《したが》うだけの存在ではない。私たち子どもも〝自分の意見を聞いてもらう〟〝学校で学ぶ〟〝健康な暮《く》らしをする〟といった「権利」を持っている。

大事なことだ。私たち大人が認識を改《あらた》めないといけないね。

児童労働をなくすためにも、一人一人の意識向上《こうじょう》が欠《か》かせない。あと、人権や環境に配慮《はいりょ》した商品を買うことも大切じゃないかな。大手メーカーなどは積極的に情報公開をしているから、確認することもできるよ。

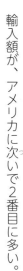

みんなでやってみよう！ SDGsクイズ❷

❶世界ではいまだに、15歳以上で、読み書きが十分にできない人が多くいます。その人数は次のうちどれでしょうか？

Ⓐ 15億人
Ⓑ 30億人
Ⓒ 7億人

❷日本では、水道の水をそのまま飲むことができます。同じように、水道水を飲んでも安全とされている国は、全世界でおよそ何カ国あるでしょうか？

Ⓐ 約10カ国
Ⓑ 約30カ国
Ⓒ 約60カ国

❸児童労働や強制労働を防《ふせ》ぎ、公平な貿易・取引を保障する「フェアトレード」。日本国内で最も多くの人が買っているフェアトレード認定製品は、次のうちどれでしょうか？

Ⓐ カカオ
Ⓑ コーヒー
Ⓒ バナナ

※クイズの答えは69ページへ

〈27ページのクイズの答え〉
❶ C　約６億人の半数が18歳未満の子どもです。
❷ A　昆虫食は食べてみると、結構おいしいですよ。
❸ B　母子健康手帳（当初は母子手帳）は1948年、日本で誕生しました。

姉・和楽《わらく》

8 働きがいも経済成長も

Q 「ワークライフバランス」ってどういうこと？

A 仕事と余暇《よか》や育児など生活の調和を図《はか》ることだよ

父・信《まこと》

しまった！ 忘れてた！ 明日までにやらなきゃいけない、学校の宿題があったんだ！ 母さん、ちょっといいかなあ？

大丈夫よ。

学校の「キャリア学習」の授業で、働く大人にインタビューをするっていう宿題が出たんだ。母さんはヘルパーの仕事をやっていて、やりがいを感じるのはどんな時？

利用者さんや、そのご家族に「ありがとう」と言われた時かな。〝誰《だれ》かのために働《はたら》けた〟と思うと、やりがいを感じるよね。

そっか。母さんは人の役に立てた時にうれしく感じるんだね。じゃあ、父さんは会社に勤《つと》めながら、大変だと思うことはある？

そうだな……。残業《ざんぎょう》が多いことと、休みが取りづらいことかな。

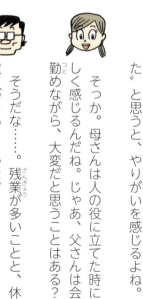

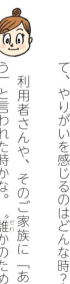

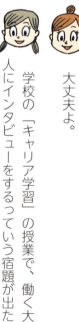

「誰もが働きやすいと思える未来へ」

どうして残業が多いの？

うーん、人手不足《ひとでぶそく》っていうこともあるんだけど、みんながまだ残って仕事しているのに、自分だけ先に帰るのは悪いなって思ったりしてね。それでも、以前に比べれば残業も減《へ》ったし、有給休暇《きゅうか》なんかも取りやすくなったかな。長時間労働の弊害《へいがい》が指摘《してき》されて、「ワークライフバランス」が重視されるようになってきたからね。

「ワークライフバランス」って？

仕事と生活の調和を図《はか》ることだよ。仕事だけじゃなく、育児や介護《かいご》、家族と余暇《よか》を過ごしたり、趣味《しゅみ》を楽しんだりといった時間を大事にできる労働環境が求められているんだ。最近では、男性の「育児休業」も促進されている。

　SDGsの目標8には〝若者や障がい者を含《ふく》む全《すべ》ての女性と男性にとって、働きがいのある人間らしい仕事を実現する〟とある。日本で進められている「働き方改革」も、一人一人がより人間らしい、豊かな生活を実現するためのものなんだ。

なるほど。最近は、女性の社会進出も進んでいるよね。

でも、まだ課題も多いの。女性は男性に比《くら》べて20％以上も賃金《ちんぎん》が低いし、企業の管理職（課長級以上）に就《つ》く割合は13％ぐらいしかない。女性の出産や育児に伴《ともな》う休業制度も整備されてきたけど、男性と同じようにキャリアを積んでいけるかというと、実際は難しい場合が多いんだ。

こうした不平等をなくしていかないといけない。和楽《わらく》が大人になる頃には、もっと働きやすくなっているといいね。

うん。私の夢は「歌って踊《おど》れる通訳《つうやく》」になることだから！

障がい者の方の雇用《こよう》を進めることも大切だ。和楽は「サイニングストア」って聞いたことないかな？　聴覚《ちょうかく》障がいのある店員さんが、手話《しゅわ》や筆談《ひつだん》を使って注文を取ったり、案内をしたり……。

テレビで紹介されているのを見たことがあるよ。皆さん、とても楽しそうに仕事をしていたなあ。

そうだね。年齢や性別、障がいの有無《うむ》などにかかわらず、誰《だれ》もが平等に、やりがいをもって働ける——それが目指すべき社会の姿だと思う。あれ、宿題の趣旨《しゅし》からは少しそれちゃったかな？

大丈夫。とても勉強になったよ。あ、もうこんな時間だ。急いでインタビューをまとめなきゃ！

目標❾

9 産業と技術革新の基盤をつくろう

産業と技術革新《かくしん》の基盤《きばん》をつくろう

ここでは、経済発展や人々の生活のために必要なインフラ（産業や社会生活の基盤となる施設）の整備、産業の向上のための技術革新《かくしん》を推進することが掲《かか》げられています。

エネルギー、輸送や灌漑《かんがい》、情報通信技術などのインフラを整備し、災害や事故に強い強靱《きょうじん》なものにしていくことは、地域経済と社会の持続的な発展のために欠《か》かせません。

例えば、世界にはインターネットを利用できない人が、約26億人もいます。誰《だれ》でも参入《さんにゅう》でき、効率的《こうりつてき》に資源を使える、公平で持続可能な産業を築くために、インフラへの投資を拡大して、技術革新を図《はか》っていくことが求められています。

9 産業と技術革新の基盤をつくろう

Q インターネットを使えない人は、どのくらいいるの？

A 世界の約30%がアクセスできない状況《じょうきょう》じゃ

ちーちゃん、そんなにニコニコして何をしているんじゃ？　スマホを見ておるのか。

聖教新聞の「創価家族の種《たね》まき絵本」の動画だよ！

ほう、そうか。便利《べんり》な時代になったのう。わしの小さい頃《ころ》は、テレビしかなかった。

え、そうなの？　それじゃ、お外に出たらアニメが見られないね！

今だって、ちーちゃんのように、誰《だれ》でもスマホで動画《どうが》が見られるわけじゃないよ。そもそも、インターネットが使えない人も多い。

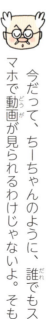

どれくらいいるの？

世界の約30％の人が、インターネットにアクセスできない。その多くが開発途上国の人々だと言われておる。経済発展のためには、こうしたインフラを早く整《ととの》えないと

「近い将来に、こんな暮らしが実現するかも」

……。

インフラ？

生活を支える基盤《きばん》のこと。電気、ガス、水道、道路などは、最《もっと》も基本的なインフラじゃ。情報通信の環境、学校、病院なども含《ふく》まれる。

世界には、安全な水が飲《の》めない人もたくさんいるんだよね？

その通りじゃ。開発途上国では、インターネットや水道の設備だけでなく、ちゃんとした道路さえない所も多い。雨が降《ふ》ると、あちこちが泥沼《どろぬま》になり、農家の人たちが、都市部に作物を売りに行くのが難《むずか》しくなる。貧困《ひんこん》の原因の一つにもなる。

それは大変だね……。

これを解決するには、海外からの支援も大

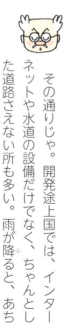

事じゃ。その上で、「技術革新《かくしん》」も鍵《かぎ》となる。携帯《けいたい》電話の発明は、大きな技術革新の例じゃな。アフリカのある国では、携帯電話の普《ふ》及《きゅう》によって、多くの人がネット銀行を使うようになった。技術革新で、人々の生活は急速《きゅうそく》に変わるんじゃ。

そうなんだね！

日本のような先進国でも、インフラの整備は大きな課題じゃよ。最近、異常気象や自然災害が増えてきているね。だから、災害が起きても壊《こわ》れない、または、すぐに復旧《ふっきゅう》できるような、丈夫なインフラが必要なんじゃ。

それだけじゃない。日本は世界で一番、高《こう》齢《れい》化《か》が進んでおる。年配《ねんぱい》の方でも不自由なく生活ができるよう、公共交通機関など、さまざまな整備が必要とされておる。

そうなんだね。博士もおじいちゃんだしね
……。

うむ。心はまだまだ青年じゃがな（笑）。ところでSDGsの目標9「産業と技術革新の基盤《きばん》をつくろう」では、産業と技術革新がセットじゃ。これからも地球に住み続けられるようにするには、技術革新によって、産業のあり方を変えなければならない。

どういうこと？

例えば、経済活動を支える電力。環境に悪影響が出ない発電の技術を発展させていかないとならん。太陽光発電、風力《ふうりょく》発電、地熱《ちねつ》発電など、いろいろな技術の開発が進んでおる。台風の風を活用し、エネルギーに変えようとする試《こころ》みもあるらしい。

こうした技術革新は、先進国だけでなく、開発途上国の経済発展においても役立つものじゃ。ぜひとも日本が貢献してほしいのう。

コラム

東京・信濃町の「世界聖教会館」。聖教新聞社は国連の「SDGメディア・コンパクト」の加盟社として、SDGsに関する情報を積極的に発信している

聖教新聞社のSDGsの取り組み 電気使用量を3分の1に削減《さくげん》

聖教新聞社は、報道や特集記事を通してSDGsの重要性を人々に伝えるとともに、自社の事業における環境負荷《ふか》やエネルギー使用量の軽減《けいげん》にも力《ちから》を入れてきました。

まず、地球温暖化の原因となっている二酸化炭素《にさんかたんそ》の排出《はいしゅつ》を減《へ》らす取り組みとして、電気使用量の削減《さくげん》があります。

本社である世界聖教会館（東京・信濃町）では、2019年の完成以来、節電システムによる適切な空調温度管理を実施。また昼休みの業務フロアの消灯《しょうとう》や、電気の消し忘れを防《ふせ》ぐためのトイレ・給湯室の自動消灯のほか、館内の全《すべ》ての照明をLED化するなど、省エネ対策を行ってきました。

その結果、本社の電気使用量は大幅《おおはば》に減少し、22年度の使用量は、20年前の３分の１にまで削減することができました。

また、水の持続可能な利用にも取り組んでいます。

トイレの水は、浄水《じょうすい》ではなく雨水を再利用することで、貴重《きちょう》な水資源を節約。さらに、トイレの洗面台に節水《せっすい》機能を付けることで、無駄《むだ》な水の使用を減らしています。

4コマ劇場

「自分さえよければ」

目標⑩

10 人や国の不平等をなくそう

人や国の
不平等をなくそう

今、世界では経済格差《かくさ》がどんどん拡大しています。最も豊かな10％の人が、世界全体の富《とみ》の約76％を独占しているといわれます（2021年時点）。豊かな人はますます裕福《ゆうふく》になり、貧《まず》しい人がますます貧困に苦しむ。こうした格差を是正《ぜせい》しなければ、持続可能な世界は望めません。

「国内および国家間の不平等を是正する」ことを目指す目標10では、国内での不平等をなくしていくための具体的な数値目標や、開発途上国への援助などが掲《かか》げられています。また、年齢、性別、障がい、人種、民族、出自《しゅつじ》、宗教、経済的地位などによって差別されない、平等な社会を築くことが記《しる》されています。

10 人や国の不平等をなくそう

姉・和楽《わらく》

Q 世界の経済的な格差《かくさ》の状況は？

A 国と国の間だけでなく個人の間でも広がっておる

博士

きのうね、海外のお金持ちを紹介するテレビ番組を見たんだ。ある人の家には大きなお庭とプールがあって、ピカピカの車が何台もあった。別荘《べっそう》もたくさん持ってるんだって！

巨大《きょだい》企業の社長さんなんか、年収何十億円なんて人もいるもんね。でも、そんなにお金をもらっても、使い切れるのかな。世の中には一生懸命《いっしょうけんめい》働《はたら》いても、食べ物に困《こま》るような生活をしている人だって、たくさんいるのに……。

その通りじゃ。今、世界では経済格差《かくさ》の広がりが大きな問題になっておる。一部の人たちがどんどん裕福《ゆうふく》になる一方で、貧困《ひんこん》に苦しむ人たちが増えているんだ。和楽《わらく》さんは、現在の世界人口が何人かは知っているかな？

えーっと、約80億人です。

そう。そのうち最もお金持ちの81人が、世界人口の半分以上の資産を持っている、とも

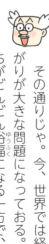

「ちょっと、偏りすぎてませんか？」

いわれているんじゃよ。

えーっ!!　何それ!?

特に近年のコロナ禍《か》の中で、世界の貧困率《りつ》は25年ぶりに上昇してしまった。一方で富裕《ふゆう》層《そう》の資産はますます増えている。貧富《ひんぷ》の差《さ》は、以前よりも拡大しているんだよ。

これは、先進国と開発途上国の格差《かくさ》の問題でしょうか?

うん、国と国の格差の問題でもある。だが、今の国際社会では、個人の間での格差も広がっているんだ。

個人の格差?

同じ国の中でも、個人レベルで経済的な格差が大きくなっているんじゃ。〝世界のお金持ちランキング〟を見ると、上位には開発途上国の人々の名前もあることに気付く。例えばインド。経済発展が進むこの大国には、たくさんの億万長者《おくまんちょうじゃ》がおる。そしてインドの人口の1%の富裕層が、国家の全資産の40%を持つといわれている。

偏《かたよ》りすぎですね……。

国や個人のほかに、「企業」も格差の問題に関わっている。IT、ファストフードなどの有名な多国籍《たこくせき》企業の年間収益は、アフリカのほとんどの国の国民総所得《そうしょとく》（GNI）よりも多い。つまり、一つの企業の方が国家よりお金持ちなんじゃ。

驚《おどろ》きました。日本は、世界的に見てどうなんでしょう？

全体としては豊かといえるが、個人レベルで見ると問題は多い。特に「相対的《そうたいてき》貧困」は大きな課題じゃ。

毎月10万円以下の所得で生活する、相対的貧困の状態にあるとされる日本人は6人に1人。裕福な人と、そうでない人との格差も広がっているのが現状なんだ。

そうなんですね……。

世界で進む格差の拡大は、さまざまな問題をもたらす。人々の不満が蓄積《ちくせき》すれば、暴動《ぼうどう》が起きるなど、社会が不安定になる恐《おそ》れもある。何より一部の人だけが豊かになり、多くの人々が貧困に苦しむような状況は、倫理的《りんりてき》な観点《かんてん》からも許《ゆる》されないと、わしは思う。

どうしたらいいんでしょうか？

SDGsの目標10では、政治・経済面での対策を促《うなが》しておる。また、地球規模の経済・金融《きんゆう》の意思決定の場で、開発途上国の参加や発言力を拡大させる、といったことも明記《めいき》されているんだ。どうやって格差を是正《ぜせい》していくか、これからも、皆で知恵を絞《しぼ》って考えていく必要がある。

みんなでやってみよう！ SDGsクイズ❸

❶近年、重視《じゅうし》されるようになってきた「ワークライフバランス」とは、どういう意味でしょうか？

Ⓐ お金をもうけるために、がむしゃらに働き続ける生き方のこと
Ⓑ 仕事よりも生活を優先させる生き方のこと
Ⓒ 仕事と生活の調和をとり、その両方を充実させる生き方のこと

❷世界には、まだインターネットにアクセスできない人が多くいます。それは世界の人口のおよそ何%でしょうか？

Ⓐ 3.5%
Ⓑ 15%
Ⓒ 30%

❸貧富《ひんぷ》の差が広がり、全世界の資産《しさん》の半分以上を、一部の大金持ちが所有しているといわれています。世界の半分以上の富《とみ》を所有しているとされるのは、何人でしょうか？

Ⓐ 約80人
Ⓑ 約80万人
Ⓒ 約8000人

※クイズの答えは89ページへ

〈55ページのクイズの答え〉
❶ C　貧困や紛争で教育を受けられないことが原因です。
❷ A　ほとんどの国では水道水をそのまま飲むことができません。
❸ B　商品を買う際に、認証ラベルなどを確認してみましょう。

10 人や国の不平等をなくそう

ちーちゃん

Q 社会的包摂《ほうせつ》って何?

A 誰《だれ》もが排除《はいじょ》されず、社会に参画《さんかく》できることじゃ

博士

この前、地域の役所に行ったら、たくさんの外国人がいました。普段《ふだん》は会わないけれど、身近に、たくさんの外国出身の方々が住《す》んでいることを実感しました。

うむ。さまざまな事情から外国に移《うつ》り住む国際移民の数は、年々増《ふ》えておる。日本も、約50年後には、全人口の10人に1人が移民になる、という推定《すいてい》もある。

へー、そうなんだ! いろいろな国の人と友達になれて楽しそう!

そうじゃな。だが深刻《しんこく》な問題もある。移民の人々が、適切《てきせつ》な医療《いりょう》を受けられなかったり、過酷《かこく》な労働環境で働《はたら》かざるを得なかったりするなど、福祉《ふくし》政策が十分でない国がたくさんあるんじゃ。

日本でも、移民に関しては多くの課題がありますよね。今後は、ますます「社会的包摂《ほうせつ》」が大事だと、学校で学びました。

「みんなが社会の大切な一員」

社会的包摂って何？

ソーシャルインクルージョンともいう。誰もが排除《はいじょ》されず、社会の一員として生活できることを指《さ》す。SDGsの目標10でも、「年齢《ねんれい》、性別、障《しょう》がい、人種、民族、生まれ、宗教、経済状態」などにかかわらず、全《すべ》ての人々が社会に参画《さんかく》できるようにする、とある。

人種差別《さべつ》は、今も世界的な問題ですね。

歴史的に有名なのは南アフリカのアパルトヘイト。有色《ゆうしょく》人種を差別し、白人を優遇《ゆうぐう》する人種隔離《かくり》政策じゃ。1991年に廃止《はいし》されたが、いまだに黒人の失業率《しつぎょうりつ》は白人の4倍もあるという。近年は、アメリカで始まった「ブラック・ライブズ・マター（黒人の命は大切）」運動など、黒人の人権を訴える活動が世界中に広がった。人種差別は、歴史的に根深《ねぶか》い問題じゃ。

そうなんだ……。

障《しょう》がいのある人々への差別も大きな課題じゃ。世界では、約6億5000万人に身体的、精神的な障がいがあるとされる。

知らなかったです。

特に開発途上国では、障がい者を守る福祉《ふくし》制度や環境が整《ととの》っていない。教育を受けたり、仕事に就《つ》いたりする機会が与《あた》えられず、貧困《ひんこん》に陥《おちい》ることが多い。先進国である日本でも、障がい者の相対的《そうたいてき》貧困率は25%を超《こ》えているんじゃ。

障がいのある子どもたちは、どんな状況なの？

開発途上国では、障がいのある子どもとない子どもでは、学ぶ機会に大きな差がある。例えば、アフリカのエチオピアの農村部では、障がいのない子どもの場合、53%が中学校に通《かよ》えている。一方で、障がいのある子どもたちは、約2%しか通えていないという。

さまざまな対策が必要ですね。

世界では、社会保障を受けられる子どもの割合は35%しかない。つまり、家族の収入が途絶《とだ》えたりして生活するのが難《むずか》しくなった時に、政府がサポートをしてくれる制度のある国に暮《く》らしているのは、世界の子どものうち3人に1人しかいないことになる。

平等な社会の実現には、まだほど遠いのが実情《じつじょう》じゃ。「誰《だれ》一人取り残さない」というSDGsの理念を、一人一人が深く心に刻《きざ》んで、社会を変えていかねばならん。

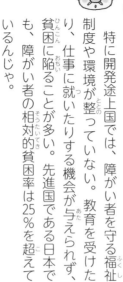

目標⑪

住《す》み続けられる
まちづくりを

目標11では、「都市を包摂的《ほうせつてき》、安全、強靱《きょうじん》かつ持続可能にする」ことが掲《かか》げられています。

2030年までに、世界の都市人口は50億人を超えると予測されています。スラムの拡大や治安の悪化、住宅の高騰《こうとう》など、都市化によって生じる問題を解決するために、効率《こうりつ》的な都市計画や管理実践がますます重要になっています。

住み続けられるまちづくりのためには、弱い立場にある人々、女性、子ども、障がい者、高齢者のニーズに配慮《はいりょ》し、包摂的で安全な環境を整《ととの》える必要があります。また、災害に強い都市を目指《めざ》すことが求められています。

11 住み続けられるまちづくりを

ちーちゃん

Q 都市に暮《く》らしている人はどれくらいいるの？

A 世界の人口の半分くらいだよ

カッパ

いやー、やっぱり、僕《ぼく》が住む所《ところ》じゃないなあ……。

カッパさん、どうしたの？

ちょっと用事があって、久々《ひさびさ》に都会に行ってきたんだ。でも川にはごみが浮《う》いていて、魚もほとんどいないし、空気も良くない……。ともかく人間が多すぎるよ。

カッパさんは、ずっと自然がいっぱいの所で暮《く》らしているもんね。私も家族で田舎《いなか》に行ったことがあるけど、川もきれいだったし、空気もおいしかったよ！

そうだよね。でも今、全世界の人口の半分以上が都市に住んでいるんだって。２０３０年には、５人に３人が都市住民になるらしい。

えー!!　そうなの!?

「都市に人が集まりすぎだよね……」

うん、この急速《きゅうそく》な「都市集中」には、いろいろな課題がある。まず、インフラの整備が追いつかないために、ごみ処理《しょり》の問題や渋滞《じゅうたい》などが生《しょう》じやすくなる。災害の被害も増大《ぞうだい》しやすくなるんだ。あと、「大気汚染《おせん》」の問題もあるよ。車や工場から排出《はいしゅつ》された有害《ゆうがい》な物質が、人間の健康に被害《ひがい》をもたらしてしまう。

そういえば、前にテレビで、外国の街《まち》の空が灰色《はいいろ》に曇《くも》っているのを見たことがある。

ちーちゃんは「スラム街《がい》」って聞いたことあるかな？　これも世界的な都市問題だよ。農村などから移住してきた貧《まず》しい人々が、電気や水道、排水《はいすい》などの設備もままならない劣《れっ》悪《あく》な環境で生活しているんだ。家が密集《みっしゅう》していて、昼間でも部屋に光が入らないような場所だよ。治安《ちあん》も良くない……。

現在、スラム街に暮らす人は約11億人もいて、全人口のおよそ7人に1人の割合になるんだ。アジアやアフリカをはじめ、主《おも》に人口が急増する都市に多い。

そんなにいるの⁉ 日本にいると分からないことがたくさんあるね。

そうだね。でも日本でも、都市集中が引き起こすさまざまな問題があるよ。例えば、地方の「過疎化《かそか》」。人口が減《へ》ると公共施設や公共交通機関の維持《いじ》が難《むずか》しくなる。病院に行きたいけど、バスが通ってない、車も運転できない、といったお年寄《としよ》りの方も多くなっているんだ。

そっかー、問題がたくさんあって大変なんだね。

ちーちゃん、暗《くら》い顔しないで! 日本では今、政府から「SDGs未来都市」として認定されている町がたくさんある。農園を増《ふ》やしている都市、ごみをゼロにしようと挑戦している町もある。だから今は、新しい生活のモデルをつくるチャンスでもあるんだ。

私が住んでいる町も、何かしているのかな?

それは大事な疑問《ぎもん》だね! 自分でいろいろ調べてみよう。大切なのは「誰《だれ》も置《お》き去《ざ》りにしないまちづくり」だと思う。身近で困《こま》っている人がいたら、どうすればその人をサポートできるか、家族や近所の人に相談することから始めてもいいんじゃないかな。

うん、そうしてみる!

SDGsの目標には、子どもを含《ふく》め「誰もが、安全で使いやすい緑地《りょくち》や公共の場所を使えるようにする」ことも記《しる》されている。だから、ちーちゃんの意見も大切だよ。

あと、僕たちの川が汚《よご》れないように、ごみを減らす工夫《くふう》もお願いね!

目標⑫

つくる責任《せきにん》
つかう責任

皆さんには、買ったばかりの製品を、あまり使わずに捨《す》ててしまった経験はありませんか？

これまで私たちは、多くの資源やエネルギーを使って大量の製品や食品を作り、それを消費しては廃棄《はいき》してきました。こうした生活様式《ようしき》を続けると、世界人口が2050年までに約100億人に達《たっ》した場合、それに見合う資源を確保するには、地球が三つ必要になるだろうと予測《よそく》されています。

毎年、世界で生産された食料の約３分の１が、消費されずに廃棄されているといわれています。私たちが地球上で生活し続けるためには、こうした問題を改善《かいぜん》し、持続可能な生活様式を確立《かくりつ》する必要があるのです。

12 つくる責任 つかう責任

Q 食品《しょくひん》ロスを減《へ》らすためには？

A 一人一人が主体者《しゅたいしゃ》の意識を持つことが大切だ

ちーちゃん、なんだか元気がないね。どうしたの？

うん。おやつを食べたらお腹《なか》がいっぱいになって、夕《ゆう》ご飯《はん》を残しちゃったの……。この前、世界には飢餓《きが》で苦しむ人がたくさんいるって教わったのに、悪いなって思って。

そっかー。ちーちゃん、世界では毎日、たくさんの食べ物が捨《す》てられているのを知っているかい？　せっかく生産された食料も、その3分の1は捨てられているんだ。

えっ！　そんなにたくさん？　知らなかった……。

特に廃棄《はいき》される食料のうち、まだ食べられるのに捨てられてしまう分を「食品《しょくひん》ロス」というんだ。日本の食品ロスは、年間で472万トン（2022年推計《すいけい》）。日本人1人が、1年間で38キロ分の食料を捨てている計算になるんだよ。

「同じくらいだなんて……」

国連世界食糧《しょくりょう》計画（WFP）は、飢餓で苦《くる》しむ人々のために、年間480万トンの食料支援《しえん》を行っているんだけど、日本だけで、それと同じくらいの食料が捨てられているんだ。

援助《えんじょ》の量《りょう》と捨てちゃう量が同じくらいなんて、信じられない……。

本当だね。世界で7億人以上が直面している飢餓の問題を解決する上でも、食料を無駄《むだ》にしないことは、とても大切なんだよ。

でも、どうしてそんなに食品ロスが生まれるの？

理由は生産や販売《はんばい》、消費の過程《かてい》など、さまざまだ。例えば、加工《かこう》食品を作っている工場のケースを考えてみよう。パッケージに傷《きず》がついていたり、印字《いんじ》が間違《まちが》っていたりすると、商品として販売できないと判断される。大量に捨てられてしまうことがあるんだ。

そうなの!? もったいない! 味《あじ》は変わらないんでしょ。

うん。捨てちゃうくらいなら僕《ぼく》がもらいたいよ……。

あと、家庭でも、食べそびれて古くなった食べ物を捨ててしまうことってあるだろ? 生産や販売の過程だけでなく、消費者《しょうひしゃ》の意識の低さが原因になっていることも多いんだ。

どうしたら、食品ロスを減《へ》らせるのかなあ?

日本では、2019年に「食品ロス削減推《さくげんすい》進法《しんほう》」が施行《しこう》された。この法律には、企業だけでなく、国や地方公共団体、消費者など、全《すべ》ての人々が連携《れんけい》し、国民運動として食品ロスの問題に取り組むことがうたわれているんだ。一人一人が主体者との意識が高まって、今では食品ロスも減少《げんしょう》の傾向《けいこう》にある。

そっか。やっぱり私たちが意識を変えることが大事なんだね。母さんも「お店では、商品はなるべく消費期限《しょうひきげん》が近いものから買おうね」って言ってた! これも食品ロスを出さないための工夫《くふう》だったんだね。

その通り! ちょっとした日々の行動の積《つ》み重《かさ》ねが、食品ロスを減らすことにつながるんだ。

そうしたら、私がご飯《はん》を残さないことも今からできる挑戦だね! 明日からは、おやつを食べ過《す》ぎないようにする!

偉《えら》いね、ちーちゃん! まずは自分ができることから始めてみよう!

コラム

リサイクル、リユースされたグッズの展示（24年７月、新潟の「SDGsフォーラム」で）

女性平和委員会が各地でSDGsフォーラムを開催

創価学会女性平和委員会は、40年以上にわたり草の根の平和運動に取り組んでいます。

2022年からは、「未来をひらくSDGsフォーラム」を全国各地で開催。識者を招《まね》いての講演会、勉強会、映写会などを行っています。

ここでは、SDGsの目標達成に貢献する取り組みも紹介。子ども食堂や、寄贈本《きぞうぼん》を生かした図書館の運営、環境に配慮《はいりょ》したコーヒーショップの営業など、さまざまな活動の様子が共有されています。

24年７月に新潟で開かれたフォーラムでは、多様な取り組みの発表のほか、リサイクルやリユースされたグッズの展示、ペットボトルキャップの回収《かいしゅう》などが実施されました。こうした地域に根差《ねざ》した催《もよお》しは、SDGs達成への実践を広げていく鍵《かぎ》となります。

また女性平和委員会では、個人でできる気候変動対策を呼びかける国連の「Act Nowキャンペーン」を紹介する動画を活用し、意識啓発《けいはつ》を推進。19年には、SDGsとジェンダー平等に関するアンケート調査を実施《じっし》しました。さまざまな形で、SDGs達成への流れを後押《あとお》ししています。

ちーちゃん

Q 捨《す》てられた服《ふく》は、どうやって処分《しょぶん》されているの？

A ほとんどが「焼却処分《しょうきゃく》」だよ

姉・和楽《わらく》

いやー、週明けのごみは、たくさんあって大変だね。

なんでそんなにあるの？

この前、一緒に衣替《ころもが》えしたでしょ？　古い服《ふく》は捨《す》てようと思って。

まだ着られるものもあるんじゃない!?　父さん、日本は世界で4番目に、ごみの排出《はいしゅつ》量《りょう》が多いって知ってる？　特に食品、衣服、プラスチック廃棄物《はいきぶつ》の割合が高いんだよ。

そうなの？　知らなかったよ。

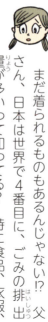

毎年、多くの服が捨てられている。1年間に10億枚もの新品の服が、一度も使われることなく捨てられているとも聞いたよ。それに、ほとんどが焼却処分《しょうきゃくしょぶん》されている。

なんと！　焼却処分となると、二酸化炭素《にさんかたんそ》が出る。それは温室効果ガス……。つまり、

「みんなで、ごみ削減の工夫を」

地球温暖化にも影響しているということだね……。

そう。最近は、いろいろな服のお店で、衣服の回収《かいしゅう》ボックスが設置されている。服は捨てずに、リサイクルする時代だよ。

食品ロスも、日本は多すぎるって、カッパさんが悲《かな》しんでた。

そうだね。国連機関が飢餓《きが》で苦《くる》しむ人々のために行う食料支援と同じくらいの食料が、日本では捨てられているんだって。その約半分は家庭から出ているんだ。

これは、一人一人が何とかしないといけない問題だ！

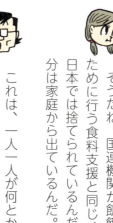

ごみを削減《さくげん》する「3R」って聞いたことある？

まず、ごみ自体を「減《へ》らす」という意味の「リデュース」。二つ目は、古着《ふるぎ》や中古《ちゅうこ》の物を活用《かつよう》する「リユース（再使用）」。そして三つ目は、「リサイクル（再生利用）」だよ。

リサイクルなら私も知ってる！　あっ、父さん、このごみ袋《ぶくろ》、小さなペットボトルも混《ま》ざっているよ！

おや、気が付かなかった。ごみの分別《ぶんべつ》もしっかりやらないとね……。

ちなみに世界では今、20億人がごみの収《しゅう》集《しゅう》制度を利用できていないみたい。さらに30億人は、ごみの処理《しょり》施設がない状況で生活している。国によって課題はさまざまだけど、ごみを減らし、ごみを適切に処理する環境を整《ととの》えていかないと、人にも自然にも、悪影響が出てしまう。

そうなんだ……。

SDGsの目標12では〝2030年までに自然と調和した暮《く》らし〟の実現を目指している。その上で大事なのは、もう一つの「R」だよ！

もう一つの「R」？

そう、ケニアの環境活動家のワンガリ・マータイさんが、日本の「もったいない」の言葉を世界に紹介した時、心の「R」も大事だって言った。「リスペクト」のこと。

つまり「尊敬《そんけい》」だね？

うん。私たちの身の回りの物は、自然資源や、多くの人々の労働のおかげで成り立っている。そうした全《すべ》てに対するリスペクト、尊敬の心を持てば、「ごみ」への考え方も変わるんじゃないかな。

物が豊かな日本では、「使えなくなったから」捨てるんじゃなくて、「新しい物がほしいから」捨てる場合が多い。こうした意識そのものを変えていくべきだと思う。

目標⑬

13 気候変動に
具体的な対策を

気候変動《きこうへんどう》に
具体的な対策を

近年、世界各地で災害が多発《たはつ》し、被害が増幅《ぞうふく》しています。その多くが、気候変動《きこうへんどう》と深く関わっています。

目標13では、気候に関する災害や自然災害が起きたときに、対応したり立ち直ったりできる力《ちから》を全《すべ》ての国で備《そな》えることや、気候変動への対応を、各国の政策や、戦略、計画に盛り込むことを目指しています。

気候変動によって、ここ数十年の間に、特に台風やハリケーン、サイクロン、洪水や干《かん》ばつの発生回数が増加しています。これらは、食料不足や経済状況の悪化につながり、各地で人道危機を引き起こしています。気候変動への対策は喫緊《きっきん》の課題です。

13 気候変動に具体的な対策を

ちーちゃん

Q 異常気象《いじょうきしょう》が増えたのはなぜ？

A 温暖化《おんだんか》など地球規模《きぼ》の気候変動《きこうへんどう》が原因じゃ

博士

母さんが、最近、異常気象《いじょうきしょう》が多いって言ってたけど、どうして？

地球が以前より暖《あたた》かくなっているからじゃよ。この150年で1度くらい平均気温が上がったといわれとる。これを「地球温暖化《おんだんか》」というんだ。

そっかー。でも、なんで気温が上がっちゃったの？

二酸化炭素《にさんかたんそ》が増《ふ》えたからじゃよ。

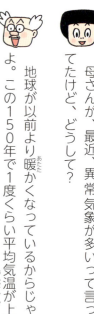

二酸化炭素？　それでどうして地球が暖かくなるの？

温室効果《おんしつこうか》ガスだからなんだ。このガスには、太陽の光が地球に当たって、その熱《ねつ》が全《すべ》て宇宙《うちゅう》に逃《に》げないよう閉《と》じ込《こ》める働《はたら》きがある。いわば、地球が寒《さむ》くなりすぎないように着《き》た服《ふく》みたいなものだな。温室効果ガスがないと、地球の気温はマイナス19度くらいにし

「HELP！ 住む場所がなくなっちゃうよ」

かならないと推測《すいそく》されとる。

へーー！ じゃあ二酸化炭素も必要なんだね。

適度《てきど》な量《りょう》だといいんだが、多すぎると、服を着すぎて体が熱くなるように、地球が必要以上に暖かくなってしまうのじゃ。

なるほど！ でもどうして二酸化炭素が増えたの？

18世紀以降、人間が石炭《せきたん》や石油《せきゆ》をたくさん燃《も》やすようになったからじゃよ。国連の報告書でも、人間の影響が地球を温暖化させてきたことは「疑《うたが》う余地《よち》がない」と発表されているんだ。

地球温暖化が進むと、どんな悪いことが起こるの？

北極圏《ほっきょくけん》のグリーンランドや南極《なんきょく》の氷床《ひょうしょう》が

解《と》けてしまう。そこに住む動物たちの居場所《いばしょ》がなくなるだけでなく、大量の氷《こおり》が解《と》けだして世界中の海面《かいめん》が上昇《じょうしょう》するんじゃ。

海面が上昇すると、どうなるの？

海に沈《しず》んでしまう島《とう》しょ国も出てくる。まさに死活《しかつ》問題なんだ。島しょ国じゃなくても、沿岸部《えんがんぶ》に住んでいる大勢の人が居場所を追われて、「気候難民《きこうなんみん》」になるともいわれておるんじゃよ。

えー！　今住んでいる場所にいられなくなるのは、すごくつらいことだよね。

問題は海面上昇だけじゃない。強大な台風、森林火災、干《かん》ばつ、洪水《こうずい》といった異常気象による自然災害が増えて、人々は住む場所を追われてしまう。農作物が育たなくなり、食料不足にもなる。水不足も深刻な問題じゃ。

　これらが原因で、紛争《ふんそう》や戦争が起こる可能性が高くなるとも指摘《してき》されておる。気候変動は、まさに人類最大の危機といっても過言《かごん》ではない。

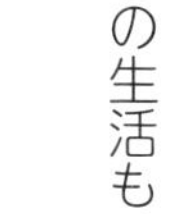

私たちの生活も、気候変動で変わっちゃうの？

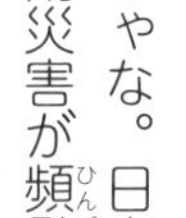

そうじゃな。日本だと夏の猛暑日《もうしょび》が増えたり、豪雨《ごうう》災害が頻発《ひんぱつ》して多くの人が被害を受けたりしておる。

　異常気象だけじゃなく、わしたちの食生活にも影響が出始めておる。例《たと》えば、海水温の上昇で、以前は捕《と》れていた魚が捕れにくくなったり、ホタテやカキの養殖《ようしょく》が以前より難《むずか》しくなったりした地域もある。

　次は、わしたちに何ができるか考えていこう！

みんなでやってみよう！ SDGsクイズ❹

❶国籍や障がいの有無《うむ》などにかかわらず、誰《だれ》もが排除《はいじょ》されずに社会の一員として暮《く》らせる「社会的包摂《ほうせつ》」が重要となっています。現在、日本で生活する外国人の割合は、何%でしょうか？

Ⓐ 1.5%
Ⓑ 2.5%
Ⓒ 4.5%

❷日本は、世界で４番目にごみの排出量《はいしゅつりょう》が多い国です。ごみを削減《さくげん》するための「３Ｒ」とは何でしょうか？

Ⓐ リペア・リコール・リマインド
Ⓑ リソース・リラックス・リサイタル
Ⓒ リデュース・リユース・リサイクル

❸地球温暖化の影響で、海水面が徐々《じょじょ》に上昇しています。1993年からの約30年間で、海水面は、どれくらい上昇したでしょうか？

Ⓐ 約３センチ
Ⓑ 約９センチ
Ⓒ 約１メートル

※クイズの答えは125ページへ

〈69ページのクイズの答え〉
❶ C　日本でも、男性の育児休業の取得が進んでいます。
❷ C　途上国では、インフラの整備が大きな課題です。
❸ A　驚くべき人数ですね……。

13 気候変動に具体的な対策を

Q 温室効果ガスって、どう減《へ》らすの？

A クリーンエネルギーへの転換《てんかん》が基本的な対策《たいさく》じゃ

前のページでは、地球温暖化《おんだんか》の仕組みや影響について話をした。今度は、対策について考えてみよう。

うん！　地球温暖化の対策って、これまでは、どんなことをしてきたの？

温室効果ガスの排出量《はいしゅつりょう》を減《へ》らすために、国際社会で何度も話し合ってきた。1992年、国連総会で「気候変動枠組《わくぐ》み条約」が採《さい》択《たく》され、95年から、その条約に加入する国が毎年のように会議を行ってきたんだ（締約国会議＝COP）。

何が決まったの？

97年に日本で開かれた第3回会議（COP3）では、先進国による温室効果ガスの削減《さくげん》目標を定めた「京都議定書《ぎていしょ》」が合意された。そして2015年には、フランスで開かれた第21回会議（COP21）で、世界の大半の国が参加する「パリ協定」が採択されたんじゃ。

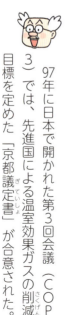

「地球は僕たちが守る！　二酸化炭素（CO_2）排出を皆で減らそう！」

京都議定書？　パリ協定？　何が違《ちが》うの⁉

京都議定書は2020年までの期間で、先進国のみを対象に削減目標の達成が義務《ぎむ》付けられておった。一方、パリ協定は20年以降の期間で、発展途上国を含《ふく》む全《すべ》ての参加国に目標の設定を求めておる。世界共通の長期目標は、平均気温の上昇を産業革命前と比べて2度未満《みまん》に抑《おさ》えることにある。これを「2度目標」というんじゃ。

ふーん。2度まで上がらなければ大丈夫なんだね。

最近は「1・5度」に抑える必要があると強調されておる。21年、イギリスでの第26回会議（COP26）で採択された「グラスゴー気候合意」には、「1・5度に抑える努力の追求《ついきゅう》」が明記されたんじゃ。「2度」と「1・5度」では、異常気象の頻度《ひんど》も、海面の上昇《じょうしょう》幅《はば》も大きく変わるといわれとる。

みんな、どうやって排出量を減らそうとしてるの？

石油や石炭といった化石燃料を使う発電をできるだけ少なくして、二酸化炭素《にさんかたんそ》を排出しないクリーンなエネルギーに転換《てんかん》していくことが基本的な対策じゃ。だから世界中が今、太陽光や風力発電など再生《さいせい》可能エネルギーの導入《どうにゅう》に力《ちから》を入れて、温室効果ガスを実質的に排出しない「脱炭素《だつたんそ》社会」を目指《めざ》しているんだよ。

そういえば、父さんが「2050年までに脱炭素って本当にできるのか」って、テレビを見ながらぼやいてたよ。

まあ、確かに難《むずか》しい目標だからな。だが、それまでに脱炭素社会を実現させないと、「1・5度目標」は達成できないといわれとる。

私たちに何ができるのかな？

まずは、二酸化炭素をなるべく排出しない生活を心掛《こころが》けることじゃな。電気の無駄遣《むだづか》いをやめたり、公共交通機関を利用したり、「エコバッグ」や「マイボトル」を使ってごみをできる限《かぎ》り減《へ》らしたり、一人一人の行動で変えていけることもある。

私もできることから始めてみる！　だって、私が大人になってからだと手遅《ており》れになっちゃうもんね！

目標⑭

海の豊《ゆた》かさを守ろう

目標14では、海洋汚染《かいようおせん》を防《ふせ》ぐことが大きな課題として掲《かか》げられています。

海洋汚染の原因は、ほとんどが人間の活動によるものです。例《たと》えば、海中に散《ち》らばるプラスチックごみの問題は、長年、警鐘《けいしょう》が鳴《な》らされてきました。

また、海洋酸性化《さんせいか》の問題もあります。人間が排出《はいしゅつ》した二酸化炭《にさんかたん》素《そ》を吸収《きゅうしゅう》して海洋の酸性化が進み、海の生態系《せいたいけい》に多大な被害が出ているのです。

水産資源の捕獲《ほかく》の制限や管理も、国際的な課題です。違法《いほう》な漁業や乱獲《らんかく》が続けば、将来、食べられなくなってしまう魚なども出てきます。

14 海の豊かさを守ろう

Q どうしてレジ袋《ぶくろ》は有料になったの

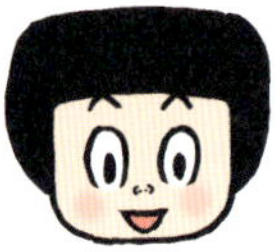

海洋汚染《おせん》や気候変動の問題への対策《たいさく》だよ A

カッパさん、そのバッグかわいいね！

エコバッグだよ。これから、きゅうりを買いに行くんだ。

いいなー。お店でレジ袋《ぶくろ》をもらえるのに、どうしてバッグを持っていくの？

ちーちゃん、レジ袋は以前は無料だったけど、今はもう違《ちが》うんだよ。

そっかー！　でも、どうしてお金がかかるようになったの？

環境に良くないからだよ。特に「海洋プラスチック問題」っていって、海にたくさんのプラスチックごみが流れ込んでいることが、世界的に問題視《もんだいし》されているんだ。

そうなんだ。どれぐらい、プラスチックごみが増《ふ》えているの？

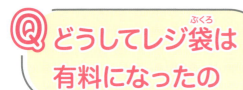

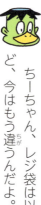

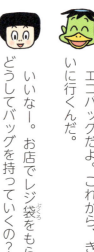

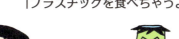

「プラスチックを食べちゃうよ」

910万トンものプラスチックごみが毎年、海に流入しているといわれている。500ミリリットルのペットボトル5000億本に相当《そうとう》するらしい。

5000億本！　そんなにたくさん捨《す》てられてるんだ……。

プラスチックの生産量は世界全体でどんどん増えていて、2050年には現在の4倍になるとも予想されている。このままのペースでいくと、海の全《すべ》ての魚の重量《じゅうりょう》より、プラスチックごみの重量の方が大きくなるといわれているんだ。

え！　お魚さんたちより多くなるの？　信じられない!!

ウミガメの鼻《はな》にストローが刺《さ》さって、血を流している映像が世界に拡散《かくさん》して話題になったけど、ほかにもクジラや海鳥《うみどり》のおなかの中から、プラスチックの破片《はへん》やレジ袋が見つかるなど、痛《いた》ましい事例《じれい》がたくさん報告されている。僕《ぼく》の近所の川だって、泳ぐとごみが体にまとわりつくことがある。本当に迷惑《めいわく》だよ！

ひどいね……。

プラスチックは自然に還《かえ》らない素材《そざい》だから、何百年も海に残る。深刻《しんこく》なのは、長い時間をかけてどんどん小さくなって、5ミリ以下の「マイクロプラスチック」として、魚介類《ぎょかいるい》の体内に取り込まれてしまうことなんだ。その小さな魚介類を大きな魚が食べ、今度は、そうした魚を食べる人間の体にも入ってくる可能性がある。

　現時点では、人体への影響は確認されていないけれど、プラスチックが今のペースで増えた場合のリスクはまだ分からないから、今から対策をしておいた方がいいと思うよ。

えー、怖《こわ》いー。どうすればいいの？　母さんが「リサイクルが大切よ」ってよく言ってるけど……。

リサイクルも大事だけど、なるべく使わないことが一番いい。製造《せいぞう》したプラスチックは、基本的には燃《も》やさない限り、長い間、地球に残り続けるから。プラスチックは製造《せいぞう》する時も、燃やす時も、温室効果ガスである二《に》酸化炭素《さんかたんそ》を多く排出《はいしゅつ》する。だから、気候変動の問題とも密接《みっせつ》に関わっているんだ。

　プラスチックは便利《べんり》だし、全部はなくせないかもしれないけれど、どうやってこの問題を解決していくか、人間は真剣に考えないといけないと思うよ。

4コマ劇場

「地球民族主義」

14 海の豊かさを守ろう

Q 魚を取りすぎると、どんな影響《えいきょう》があるの？

A 海の生態系《せいたいけい》が壊《こわ》れ、人々の生活も脅《おびや》かされるんだ

ねえねえ、将来、マグロが食べられなくなるかもしれないって本当？

いきなりどうしたんだい？

母さんと買い物に行った時、魚屋《さかなや》のおじさんが言ってたの！

えーっと、マグロにはいろいろな種類《しゅるい》があるよね。日本ですごく人気の「クロマグロ（本マグロ）」は、たしか以前、絶滅危惧種《ぜつめつきぐしゅ》になっていたなあ。

ゼツメツ？

うん、たくさん取りすぎちゃって、海からいなくなる危険性《きけんせい》が出てきたんだよ。

えーっ！　私、マグロのお刺《さ》し身《み》、大好きなのに……。

でも大丈夫《だいじょうぶ》。国際的なルールをつくった

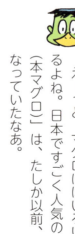

「魚を取りすぎると、将来、こうなっちゃうかも……」

から、状況は改善《かいぜん》されてきたんだ。ただ、注意は必要だよ。

　ところで「ニホンウナギ」も絶滅危惧種だって知ってた？　シラスウナギという、ウナギの子どもたちは、海を泳《およ》いで日本の川にやって来る。日本では、それを養殖《ようしょく》して食べているんだ。最近は、シラスウナギたちも少なくなっているなあ……。

　そっか。そういえば父さんも、「ウナギが高くて食べられない」って言ってたよ。どうしたらいいんだろう……。

　約20年前、ある海外の研究チームが、「現状のままでなにも対策をとらずに漁獲《ぎょかく》と消費をつづければ、２０４８年には食用《しょくよう》の魚がいなくなる」と発表したことがある。びっくりしたよ。だから世界の国が協力して、漁業を管理してきたんだ。

　それで良くなったの？

いや、世界の水産資源《すいさんしげん》の消費量は、この半世紀で2倍にも増えている。その資源の35%が、いまだに「取りすぎ」の状態なんだ。

日本の漁師《りょうし》さんも魚たちを守るために、すごい頑張《がんば》っているって、魚屋のおじさんが言ってた！

そうだね！　でも残念《ざんねん》なことに、SDGsの目標14（海の豊《ゆた》かさを守ろう）の日本の達成度はとても低いんだ。それに日本では、水産資源の消費の多くが、乱獲《らんかく》や違法《いほう》漁業によるもの、ともいわれている。

どういうことなの？

少し複雑《ふくざつ》な話なんだ……。日本は、水産物の輸入額《ゆにゅうがく》がアメリカに次《つ》いで世界2位。水産物の加工品《かこうひん》などは、その原料が、どこで、誰《だれ》が、どうやって取ったものなのか、なかなか分からないんだよ。だから日本の人たちは、知らないうちに、ルール違反《いはん》で取られた水産物を食べてしまっている場合があるんだ。

そうだったんだ……。

海は世界とつながっている。乱獲や違法漁業は海の生態系《せいたいけい》を壊《こわ》し、魚だけでなく人々の生活をも脅《おびや》かしてしまう。すでに近海《きんかい》の魚が減《へ》り、生活に問題が起きている国もあるよ。

私たちにできることはある？

持続可能な漁業・養殖《ようしょく》であることを証明する「ラベル」があるのを知っているかい？　買い物をする時には、そうしたラベルを意識してみるのも良いかもしれないね。

また、全国各地で、持続可能な漁業に、工夫《くふう》して挑戦している人がいる。そういう人の取り組みについて調べたり、聞いてみたりすると、いろいろな発見があると思うよ！

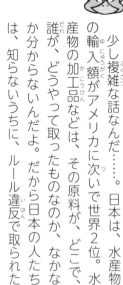

目標⑮

15 陸の豊かさも守ろう

陸《りく》の豊《ゆた》かさも守ろう

一つの種類《しゅるい》の生物が絶滅《ぜつめつ》すると、他の種《しゅ》にも大きな影響が及《およ》びます。現在、陸上に生息する植物や動物の中で、多くの種が絶滅の危機にさらされています。

目標15では、生物多様性の損失《そんしつ》を止《と》めることを目指《めざ》しています。

現在、世界各地で森林の面積が減少しています。この目標では、持続可能な森林管理、植林の推進なども掲《かか》げています。

土壌劣化《どじょうれっか》や砂漠化《さばくか》の問題も深刻《しんこく》です。一度、劣化してしまった土壌を元に戻《もど》すことは簡単ではありません。科学的な知見《ちけん》に基《もと》づいて、自然環境を守る取り組みを進めなければなりません。

15 陸の豊かさも守ろう

Q なんで森林の減少《げんしょう》が世界で進んでいるの？

カッパ

ちーちゃん

農地開発による伐採《ばっさい》や増加する山火事のためだ A

ちーちゃん、楽しそうにしてるけれど、どこかにお出かけかい？

うん！　みんなで山にキャンプに行くんだ！

それはいいねー！　でも、ちゃんと後片付《あとかたづ》けして、ごみは残さずに持ち帰ってくるんだよ。あと、たき火もするだろうから、山火事《やまかじ》には十分注意してね。

山火事!?　木がたくさん燃えちゃうってこと？

その通り。日本では毎日平均《へいきん》して4件も起きているんだ。乾燥《かんそう》した国と比《くら》べると日本は定期的に雨が降《ふ》るから、大規模な焼失《しょうしつ》にはつながっていないけれど、最近5年間で、約3300ヘクタールが焼損《しょうそん》したんだよ。

そうなんだね。海外では、もっとひどいの？

「たくさん木を植えなくちゃ！」

気候変動などの影響で、世界各地で森林火災が増えているんだ。オーストラリアでは2019年から20年にかけて、大規模な森林火災が起きて、1800万ヘクタール以上も焼失したといわれている。アメリカのカリフォルニア州でも20年に、非常に大きな森林火災が起きて、東京都の約8倍の面積が焼失したんだ。

え、そんなに！

ああ。21年には、記録的な熱波《ねっぱ》に見舞《みま》われたヨーロッパで、過去最悪の山火事が起きている。

森林が燃えることで、気候変動の原因である温室効果ガスの二酸化炭素《にさんかたんそ》が大量に排出《はいしゅつ》される。森林には二酸化炭素を吸収《きゅうしゅう》する力《ちから》があるから、問題はさらに深刻だ。

でも、どうしてそんなことになっちゃったの？

これまで人類は、自分たちの住む場所や農

地の確保《かくほ》、資源の開発など、豊かな生活を求めて、たくさんの森林を伐採《ばっさい》してきた。その結果、森林の二酸化炭素を吸収する力《ちから》が弱まったことで地球温暖化が進んでいる。そして今度は、それらが原因で山火事が起きて、また森林が減《へ》ってしまうという、悪循環《あくじゅんかん》に陥《おちい》っているんだよ。

そうなんだ……。どれぐらい、森林がなくなったの?

1990年から2020年までに、約1億7800万㌶も減少したんだ。日本の面積が約3779万㌶だから、だいたい5倍だね。

日本が五つも入っちゃうぐらいの広さの森林が、なくなったの!?

ああ。でも植林《しょくりん》も増えているおかげで、1990年から2000年までは年平均780万㌶の減少だったのが、2010年から2020年は、年平均470万㌶にまで抑《おさ》えられたらしいよ。

SDGsの目標15「陸《りく》の豊かさも守ろう」のターゲット2には、「森林の持続可能な経営」「新規植林と再植林を大幅《おおはば》に増やす」とある。伐採し過《す》ぎず、植林を増やして、持続可能な状態にしていかないと、取り返しのつかないことになるよ。

私が大人になった頃でも、森林はちゃんと残っているかなあ……。

人間たちの努力次第《しだい》だと思うよ。目先《めさき》の利益や豊かさを追いかけて、自然を破壊《はかい》する生き方自体を変えていかないと、未来は暗《くら》いんじゃないかな? 地球の資源には限りがあるんだからさ。

コラム

雄大なアマゾン川に面して立つ「創価研究所――アマゾン環境研究センター」（ブラジル・マナウス市郊外）

ブラジル・アマゾン創価研究所 熱帯雨林《ねったいうりん》の再生《さいせい》・環境教育に貢献

二酸化炭素《にさんかたんそ》を吸収する働きを持つ森林の減少は、地球温暖化の原因の一つといわれています。

ブラジル北部のマナウス市郊外にある「創価研究所――アマゾン環境研究センター」では、1992年の設立以来、伐採《ばっさい》によって原生林《げんせいりん》の大半が失《うしな》われていた研究所の敷地《しきち》に植樹《しょくじゅ》などを行い、森林の再生《さいせい》に取り組んできました。また、同市内での植樹活動のほか、60種を超える種子《しゅし》を採取《さいしゅ》・保存して各地に送るなど、熱帯雨林の再生に重要な役割を担《にな》っています。

さらに「環境教育啓発《けいはつ》プロジェクト」では、見学コースを設《もう》け、これまでに同市の公立学校の児童・生徒２万5000人以上が参加。自然との共生の重要性を訴える環境教育の拠点として、大きな期待が寄せられています。

15 陸の豊かさも守ろう

ちーちゃん

Q 世界には、どれくらいの絶《ぜつ》滅《めつ》危《き》惧《ぐ》種《しゅ》がいるの？

A 4万種以上の動植物が絶滅の危《き》機《き》に陥《おちい》っているんだ

カッパ

あのパンダさん、かわいいね！

本当だ！　おいしそうにササの葉《は》を食べているね。

あれ、カッパさん、なんでそんな暗《くら》い顔しているの？

将来、動物園で、パンダと会えない日が来てしまうかもしれない。実は、パンダ（レッサーパンダやジャイアントパンダ）は、絶滅《ぜつめつ》危惧種《きぐしゅ》なんだ。

え、ゼツメツキグシュ？

世界から、消えてしまう危機にある生物のこと。パンダだけじゃない。ほら、あそこにいるラッコやオランウータンも絶滅危惧種だよ。

えー！　そんな……。絶滅危惧種は、世界にどのくらいいるの？

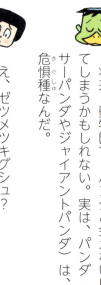

「地球は人間だけのものじゃない」

国際自然保護連合（IUCN）は、4万種以上の動植物を絶滅危惧種（絶滅危機《きき》種）に認定している。さらに今後、数十年間で、約100万種の動植物が絶滅の危機に陥《おちい》るともいわれているんだ。かつてない速《はや》さで絶滅危惧種が増えている。

なんで、そんな状況になってしまったんだろう？

人間の活動の影響による気候変動をはじめ、環境破壊や生物の乱獲《らんかく》などが大きな原因だよ。そのせいで「生物多様性《せいぶつたようせい》」が失《うしな》われてしまっているんだ。

生物多様性？

生物多様性には、動植物の「種《しゅ》の多様性」や、生物と環境を含《ふく》む「生態系の多様性」などがある。生物も自然も、全《すべ》てがつながって成り立っている。一つの生物が絶滅すると、他の生物や環境に、多大な影響をもたらすんだ。

そうなんだ……。

日本では今、シカが爆発的《ばくはつてき》に増えている。これは、オオカミがいなくなったことが一つの理由といわれている。「種の多様性」が破《は》壊《かい》されてしまった一例だよ。

最近、イノシシやクマが市街地《しがいち》に出没《しゅつぼつ》することが多くなっているね。これは、山間部と都市の中間にある「里山《さとやま》」が、過疎《かそ》化《か》や高齢《こうれい》化で、管理されず荒れてしまったことが原因の一つだと聞いた。

昔ながらの里山は、多くの生き物のすみかでもあるんだ。だから、里山が荒れると「生態系の多様性」も崩《くず》れることになる。生態系でいうと、世界では「土壌劣化《どじょうれっか》」と「砂漠《さばく》化」も大きな課題だ。これも気候変動をはじめ、森林伐採《ばっさい》や過放牧《かほうぼく》など、人間の活動が原因だよ。

世界では、どれくらい砂漠化が進んでいるの？

年間、日本の約3分の1の面積のペースで砂漠化が進んでいるよ。砂漠化の影響により、今後10年くらいで、5000万人が移住を余儀《よぎ》なくされるという予測もある。

陸の豊かさを守ることは、人間の生活を守ることにも直結《ちょっけつ》するんだね。早急な対策が必要だ。

私たちに、何かできることはあるの？

身近《みぢか》でできることだと、例えば食生活の見直しかな。肉類よりも野菜など植物ベースの食事を増やせば、生態系への負《ふ》の影響を少なくすることができる。

あと、庭に植える木や花も、地域の生態系を支える重要な役割を担《にな》っているんだ。身の回りから、自然を豊かにしていく努力も大切だよ。

目標⑯

平和と公正《こうせい》を
すべての人に

16 平和と公正をすべての人に

目標16は「平和と公正《こうせい》をすべての人に」です。具体的には、「あらゆる場所で、あらゆる形の暴力《ぼうりょく》と、暴力による死《し》を大きく減《へ》らす」ことが第一に掲《かか》げられています。

近年、世界各地で紛争《ふんそう》が深刻化《しんこくか》しています。これにより、暴力による死傷者《ししょうしゃ》は大きく増加しているのが実情です。

暴力には、こうした紛争だけでなく、「児童虐待《じどうぎゃくたい》」なども含《ふく》まれます。世界では、多くの子どもたちが身体的《しんたいてき》、心理的《しんりてき》な虐待を受けています。「人身売買《じんしんばいばい》」などの根絶《こんぜつ》も大きな課題です。

目標16では、全《すべ》ての子どもたちが「出生《しゅっしょう》登録」などの法的な身分証明をできるようにすることも目指《めざ》しています。

ちーちゃん

どうして難民《なんみん》が増えているの？

ウクライナ危機《きき》など各地の紛争《ふんそう》が主な原因じゃ

博士

ちーちゃん、わしらが目指す「平和」って、なんだと思う？

え、平和？ うーん……母さんや父さんがいつも笑っていて、毎日おいしいご飯《はん》が食べられることかな。あと、友達ともけんかしないで、仲良くしたい！

大事なことじゃな！ 平和とは「明日の予定を立てられること」。そう言った人がおる。長年、難民《なんみん》を助けてきた人の言葉だよ。実は今、戦争などで、故郷《こきょう》に住めなくなった難民の人々が、世界で急激《きゅうげき》に増えておる。まさに、明日の生活がどうなるかも分からない人々じゃ。

そうなんだ……。そういえば、テレビで、「戦争だから」って言って、大きな荷物《にもつ》を持って逃げてきた人たちのことを見たよ。あの人たちも難民なの？

おそらくウクライナなどから脱出《だっしゅつ》してきた

「何も悪いことしていないのに……」

難民の人たちだな。難民とは、戦争や紛争、政治による迫害などを避《さ》けるために、国外に逃げてきた人々のことなんだ。国外だけでなく、国内の別の場所に逃《のが》れている避難民《ひなんみん》の人たちもいる。

世界には、こうした人たちはどれくらいいるの？

難民と国内の避難民を合わせて、2021年末は8930万人じゃった。だが、22年の5月で、その数は1億人を超《こ》えたといわれておる（※注）。日本の総人口がだいたい1億2400万人（24年時点）だから、それと同じくらいなんじゃ。

今の難民・国内避難民の数は第2次世界大戦後、最《もっと》も多くなっているんだよ。

どうして、そんなに増えちゃったんだろう。

ウクライナ危機などで、膨大《ぼうだい》な数の人たち

が家を追われたことが原因だ。でも、それ以前から、シリアでの紛争などによって難民の数は大幅《おおはば》に増えていたんだ。

私と同じくらいの年の子も、たくさんいるのかな？

実は、世界の難民・国内避難民の41％が、18歳未満《みまん》の子どもたちなんだ。食べる物も乏《とぼ》しく、学校に通《かよ》えない子が多い。外国で難民として生まれてくる子もたくさんおる。

かわいそう。何も悪いことしていないのに……。

難民の出身国で多いのは、ウクライナのほか、シリア、ベネズエラ、アフガニスタン、南スーダン、ミャンマーの5カ国だ。皆、財《ざい》産《さん》や、それまでの生活を捨《す》てて、知人や親戚《しんせき》の家、あるいは難民キャンプなどに身を寄《よ》せておる。

大変だね。みんな、早く自分の家に帰れるといいね……。

そうじゃな。戦争や紛争は、子どもたちや、その先の世代にも深刻《しんこく》な影響を与えてしまう。だからこそ、何よりも平和が大事なんだよ。

うん。私も大きくなったら、困《こま》っている人のために働きたい！

偉《えら》いのう！ それから、難民が多い国々は、気候変動の被害《ひがい》を強く受けている場合がある。大雨や干《かん》ばつなど、異常気象が起きると、人が住める場所が減り、農作物が取れなくなって食料が不足する。こうしたことが争《あらそ》いの原因にもなるし、避難先での生活も脅《おびや》かしているんだ。

SDGsの課題は全《すべ》てつながっている。これからも一緒に、いろんな問題について学んでいこう！

<注> 2024年時点で、世界の難民の数は１億2000万人に達したとされている。

コラム

創価学会
核廃絶《かくはいぜつ》へ市民社会と協働《きょうどう》
国内外でシンポジウムや展示など行う

創価学会・SGIは長年にわたり、核兵器廃絶運動《かくへいきはいぜつうんどう》に取り組んできました。

平和運動の原点は、第２代会長・戸田城聖先生が核兵器を「絶対悪《ぜったいあく》」と訴えた、「原水爆禁止宣言」（1957年）です。以降、第３代会長・池田大作先生のリーダーシップのもと、対話を中心とした草の根の運動を展開し、国内外でのシンポジウムや展示会の開催、署名活動、被爆《ひばく》証言の発刊等、今日《こんにち》まで幅広《はばひろ》い活動を行ってきました。

2017年、国連本部で「核兵器禁止条約」が採択されました。同条約を市民社会の側《がわ》から推進した団体が、ICAN（核兵器廃絶国際キャンペーン）です。ICANの設立当初から、SGIは国際パートナーとして歩みを共にするなど、他の市民団体とも手を携《たずさ》えながら、活動を推進しています。

また国際会議などへの出席を通じて、核廃絶を訴えています。23年、国連本部で開催された核兵器禁止条約の第２回締約国《ていやくこく》会議にもSGIの代表が参加。会期中、関連行事が行われ、SGIの青年代表が企画や運営に貢献しました（写真）。

24年３月に東京で開かれた、「未来アクションフェス」にSGIユースも参《さん》画《かく》するなど、平和の連帯を広げる運動を力強く進めています。

16 平和と公正をすべての人に

ちーちゃん

地球上に核兵器《かくへいき》は Q どれくらいあるの？

1万2000発以上ある A

博士

この前、学校の授業で、世界の軍事費がどんどん増加しているって聞きました……。

2023年の世界の軍事費は約2兆4430億ドル、過去最高額じゃった。

えー、そんなに!?

ちなみに、開発途上国の支援を主な目的とする政府開発援助《えんじょ》（ODA）の、同年の合計金額は約2237億ドルじゃ。

つまり、困っている人たちへの支援額《しえんがく》より、軍事費の方が10倍以上も多いってことですね……。

うむ。軍事に莫大《ばくだい》なお金を費《つい》やす一方で、気候変動や貧困《ひんこん》・飢餓《きが》の問題に対処《たいしょ》したり、健康と教育を促進《そくしん》したりする資金は不足している。それに国が扱《あつか》う軍事費以外で、違法に取引されている武器も存在する。

「お金の使い方、間違ってないかな……」

そうした武器は、何に使われているんですか？

犯罪集団やテロリストの手に渡《わた》った場合は、紛争地などで使われることになる。それだけではない。民間人も武器を手にすることになり、子ども兵などを増やす要因にもなる。

子どもが武器を持って戦うなんて、想像したくないよ……。

だからSDGsの目標16「平和と公正《こうせい》をすべての人に」には、「違法な資金の流れや武器の流通《りゅうつう》を大幅《おおはば》に減《へ》らす」と明記されている。

武器というと、世界では「核兵器」の問題も深刻《しんこく》ですよね。

世界には今、どれくらいの核兵器があるの？

1万2000発以上。冷戦時代に7万発もあった核兵器の総数は毎年、少しずつ減っている。だが、この5年間で、核兵器関連の支出額は3割も増えたという報告もある。

どういうことですか？

核保有国が、核戦力を近代化し、核兵器の質的な向上を進めているんじゃ。そして、ウクライナ危機が起きたことで、核兵器使用の危険性は冷戦後で最《もっと》も高まっている。

そうなんだ……。

でも希望はある。「核兵器禁止条約」が2017年に採択《さいたく》され、21年に発効《はっこう》した。25年1月現在、94カ国・地域が署名していることの条約は、核兵器の開発、実験、生産、製造、他国への移譲《いじょう》、使用、威嚇《いかく》まで全面的に禁止した初の国際法じゃ。核兵器を非人道的な違法の兵器とした、この条約策定《さくてい》には、市民社会が積極的に関わった。画期的《かっきてき》なことじゃった。

被爆者《ひばくしゃ》をはじめ若者の声や行動が、条約制定への大きな力になったと聞きました。

その通り。核兵器禁止条約の採択に貢献したとして、核兵器廃絶《はいぜつ》国際キャンペーン（ICAN）がノーベル平和賞を受賞した。このキャンペーンは今、111カ国に682のパートナー組織がある（2023年時点）。核廃絶を求める市民社会の連帯が世界中に大きく広がっておる。

すごいね！

近年は、人間の有意《ゆうい》な制御《せいぎょ》なしに自律《じりつ》して敵を探し殺傷《さっしょう》するAI（人工知能）搭載《とうさい》の兵器の開発・使用について、国際的に議論されている。未来の平和を守るために、こうした武器の規制についても考えていかねばならん。

目標⑰

パートナーシップで
目標を達成《たっせい》しよう

SDGsは目標のみが掲《かか》げられており、細《こま》かい実施《じっし》のルールは定められていません。そこで大事なのが、国や企業、団体や個人が、必要に応じて連携《れんけい》を取り、協力していくことです。

目標17は「パートナーシップで目標を達成しよう」です。これまで学んできた通り、SDGsは、全《すべ》ての国々が同意して掲げた目標であり、どれもが密接《みっせつ》に関わり合っています。

この目標では、主に開発途上国への国際的な支援協力について記されています。一方で、「市民社会」のパートナーシップの重要性にも触《ふ》れています。SDGsの達成へ、私たち一人一人の行動も鍵《かぎ》を握《にぎ》っているのです。

17 パートナーシップで
目標を達成しよう

Q パートナーシップってどういうこと？

A 目標達成のため違《ちが》いを超《こ》えて協力し合うことだよ

父さん、この本の写真見て！　こんなところに日本の国旗《こっき》があるよ！

おっ、これはカンボジアにある「日本橋」だ！

ニホンバシ？

そうだよ！　たしか正式名は「日本・カンボジア友好橋」。日本の支援によって１９６０年代に建設された橋だ。数年前、改修工事がニュースになっていたな。

そうなんだ！　外国に、こういう橋はたくさんあるの？

うん。日本は海外のいろいろな国で、こうした橋をはじめ、道路の整備や工場の建設、また技術の支援などを行っているよ。

へー、知らなかった！　日本も頑張《がんば》っているんだね！

「パートナーシップで世界はもっと明るくなる」

でも、世界の全《すべ》ての人が豊かな生活を送るには、日本も、国際社会も、さらに協力していかないといけない。父さんも今、勉強中なんだけど、SDGsの目標17「パートナーシップで目標を達成しよう」では、先進国が開発途上国に対するODAについて具体的な目標を示している。例えば……。

ちょっと待って！　ODAって何のこと？

ごめん、少し説明が必要だったね……。ODAというのは、開発途上国に対して、他国の政府が行う資金や技術の協力のことだよ。日本語では「政府開発援助」と言うんだ。
「目標17」では、日本を含《ふく》む先進国が、開発途上国へのODAを、国民総所得（GNI）比で0.7%を目指そう、と呼びかけている。でも、実現できているのは世界で数カ国。日本も達成できていないんだ。

なんだか難《むずか》しい話だなあ……。

つまり、日本も世界も、開発途上国への支援に、さらに力《ちから》を注《そそ》がないといけないということだよ。コロナ禍《か》の影響で、経済的に貧《まず》しい国は、さらに状況が厳《きび》しくなっている。

そっか……。

2000年から比べると、実は世界のODAはかなり増えていて、貧困に苦しむ人々も大きく減ったんだ。一方、日本はかつてODAの額《がく》が世界1位だったけど、最近では予算が半減《はんげん》してしまっている。解決しないといけない国内の問題も多いからね。

父さんが言っていた「パートナーシップ」っていうのは、みんなで協力し合うってことなの？

そうだよ。みんなが同じ地球に暮《く》らす一員として、国や民族の違《ちが》いを乗り越え、助け合う。それが、SDGsを達成するための一番大事な「手段」でもあるし、目指すべき「未来のカタチ」でもある。

国による協力も大切だ。でも、民間企業や個人による支援も、ますます大切になってきているよ。

ほかにも、日本が世界のためにできることってあるかな？

日本は、大きな公害や自然災害を経験してきた国だ。国として、どのように復興《ふっこう》を進めてきたか。どのように苦難を乗り越えてきたか。いかに防災対策をしていくか。それを世界に伝えていくことも、大きな国際貢献になるんじゃないかな。

あと、世界のために、今いる場所で自分たちに何ができるか――。このことについて、家族や友達と話し合うことも大事だね。それが、目標17の「パートナーシップ」を実践する第一歩になると思うよ。

まとめ

SUSTAINABLE DEVELOPMENT GOALS

SDGsの進み具合《ぐあい》は？

2015年に採択《さいたく》されたSDGsは、30年に向けて、23年に折《お》り返《かえ》し地点を迎《むか》えました。

24年９月、国連で「未来サミット」が開かれ、「未来のための協定」が採択されました。ここでは、SDGsの達成に向けて、国際社会が一丸《いちがん》となって協力していくことが改《あらた》めて確認されました。

SDGsは17の目標と169のターゲットから成り立っています。現状、ターゲットの達成はなかなか進んでいません。世界的に見た課題と、日本が抱《かか》える問題は、一体何なのでしょうか。最後に、SDGsの進捗《しんちょく》状況を学びましょう（2024年時点）。

Q SDGs《エスディージーズ》の進み具《ぐ》合《あい》は？

A 各国で取り組むべき課題が多くある

SDGsの目標は今、どれくらい達成されているの？

17目標の169のターゲットのうち、2024年時点で達成への軌道《きどう》に乗っているのは、わずか17％だという。そして半数近くは最低限か、少しだけ進捗《しんちょく》。3分の1以上は、停滞《ていたい》または後退《こうたい》しているんじゃ。各国で取り組むべき課題が多くある。

えー、そうなの!？

世界のSDGsの取り組みは、新型コロナウイルスのパンデミック（世界的流行）の影響によって、大きく停滞してしまった。地球温暖化による異常気象も頻発《ひんぱつ》し、大きな被害が出ておる。

毎日、ニュースで話題になっているものもあるね。

特に目標16「平和と公正《こうせい》をすべての人に」

「皆で協力し、ゴールを目指そう！」

は、全目標の中でも喫緊《きっきん》の課題の一つ。ウクライナ危機などの影響で、2022年から2023年の間に、武力紛争による民間人の死傷者が72%も増加したという。

そうなんだ……。達成に近づいている分野はあるの？

科学技術面の発展は目覚《めざ》ましいものがある。例えば、わずか8年の間に、インターネットへのアクセスが約70%も増えた。再生《さいせい》可能エネルギーの活用も、どんどん進んでおる。

へー！

世界的な研究組織「国連持続可能《じぞくかのう》な開発ソリューションネットワーク（SDSN）」では、毎年、各国のSDGsの達成状況をランク付けしておる。2024年の発表によると1位はフィンランド。じゃが、それでさえ達成済みの目標は二つしかない。

ちなみに日本は何位なの？

日本は18位。各目標の中で、最低ランクの「深刻《しんこく》な課題がある」とされたのは、目標5「ジェンダー平等を実現しよう」、目標12「つくる責任　つかう責任」、目標13「気候変動に具体的な対策を」、目標14「海の豊《ゆた》かさを守ろう」、目標15「陸《りく》の豊かさも守ろう」じゃ。

目標12の消費活動については、プラスチックごみの輸出量が多いことが指摘《してき》されておる。目標13の気候変動に関して言えば、2024年は、観測史上《かんそくしじょう》最も暑かった1年じゃった。日本はまだまだ、化石《かせき》燃《ねん》料の燃焼《しょう》による二酸化炭素《にさんかたんそ》の排出量《はいしゅつりょう》が多い。こうしたことが、地球温暖化の大きな原因となっておる。

SDGsの達成を目指す2030年までに、どうしたらいいのかな？

2024年9月、国連で「未来サミット」が開かれ、「未来のための協定」が採択された。協定には、「持続可能な開発と開発資金」「国際の平和と安全」「科学・技術・イノベーションとデジタル協力」「若者および将来世代」「グローバル・ガバナンスの変革」の五つの分野にわたって、56の具体的な行動目標が掲《かか》げられておる。

協定全体として、SDGsの推進を加速《かそく》させることを確認しておる。明るい「未来のカタチ」へ、国際社会が一丸《いちがん》となって努力していくことを、改めて約束し合ったのじゃ。

そうなんだ！

うむ。日常生活を少し変えれば、社会に大きな変革をもたらすことができる。わしらも、これまで学んできたことを生かして、身《み》近《ぢか》なことから挑戦していこう！

うん。私も頑張る！

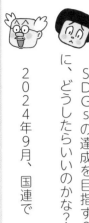

みんなでやってみよう！ SDGsクイズ❺

❶世界では毎年、910万トンものプラスチックごみが、海に流入しているといわれています。これは、500ミリリットルのペットボトルに換算《かんさん》すると、何本分に相当《そうとう》するでしょうか？

Ⓐ 300億本
Ⓑ 5000億本
Ⓒ 1兆億本

❷地球温暖化が原因とされる山火事などが、世界各地で増加しています。1990年からの30年間で、世界で減少したとされる森林の面積は、どれぐらいでしょうか？

Ⓐ 日本の面積の約５倍
Ⓑ 日本の面積の約10倍
Ⓒ 北海道の面積の７倍

❸持続可能な発展のためには、国際的なパートナーシップが重要です。先進国が開発途上国に対して行っている「ODA」とは、どういう意味でしょうか？

Ⓐ 政府ダイナミック援助
Ⓑ 国際投資援助
Ⓒ 政府開発援助

※クイズの答えは127ページへ

〈89ページのクイズの答え〉
❶ B　約340万人の外国人が生活しています（2023年時点）。
❷ C　リデュース（減らす）・リユース（再使用）・リサイクル（再生利用）です。
❸ B　将来、水没が懸念されている島しょ国もあります。

4コマ劇場「大人の尻《しり》拭《ぬぐ》い」

主な参考文献

『SDGs（持続可能な開発目標）』蟹江憲史著、中央公論新社
『SDGs── 危機の時代の羅針盤』南博、稲場雅紀著、岩波書店
『SDGsのきほん　未来のための17の目標』シリーズ　ポプラ社
『数字でわかる！　こどもSDGs』バウンド著、秋山宏次郎監修、カンゼン
『ムズカシそうなSDGsのことがひと目でやさしくわかる本』本田亮著、小学館
『未来を変える目標　SDGsアイデアブック』Think the Earth 編著、蟹江憲史監修、紀伊國屋書店
『基本解説　そうだったのか。SDGs 2025』SDGs市民社会ネットワーク

聖教新聞電子版の「SDGs」特集ページに、さまざまなコンテンツを用意しております。

〈125ページのクイズの答え〉
❶ B　プラスチックの生産量は増え続けています。
❷ A　山火事や森林伐採等により、1億7800万ヘクタールが減少しました。
❸ C　資金や技術の協力を通し、開発を援助しています。

装丁	清水良洋（Malpu Design）
本文デザイン	水野拓央
ちーちゃん家のキャラクター・漫画	堀田あきお＆かよ
各目標のイメージイラスト	迎朝子

ちーちゃんと学ぼう！ みんなのSDGs

2025年3月16日　初版発行

編　者	聖教新聞社
発行者	前田直彦
発行所	株式会社 潮出版社 〒102-8110　東京都千代田区一番町6　一番町SQUARE 電話／03-3230-0781（編集） 　　　03-3230-0741（営業） 振替口座／00150-5-61090
印刷・製本	株式会社 暁印刷

ISBN978-4-267-02453-5 C8336

潮出版社ホームページ URL　www.usio.co.jp